Extrait des Mémoires de la Société d'Emulation de Montbéliard.

LA GUERRE DE 1870-71
AUX ENVIRONS
DE MONTBÉLIARD

Combats, Rencontres, Escarmouches,
Épisodes et Anecdotes.

PAR

Le Capitaine V. HUBER ✲ ✪

La vitalité dont nous avons fait preuve en 1870-71, et qui s'affirme à l'armée de l'Est aussi bien que dans nos autres armées de province, démontre la force réelle qui est en nous et nous commande d'envisager avec confiance l'avenir.

GRENEST. *L'Armée de l'Est.*

Il (Bourbaki) appréciait hautement le mérite de ses adversaires. Il exaltait peut-être même beaucoup trop leur supériorité.

VON DER GOLTZ. *Gambetta et ses armées.*

MONTBÉLIARD
SOCIÉTÉ ANONYME D'IMPRIMERIE MONTBÉLIARDAISE

1908

Guerre de 1870-71, aux environs de Montbéliard. _ Croquis topographique.

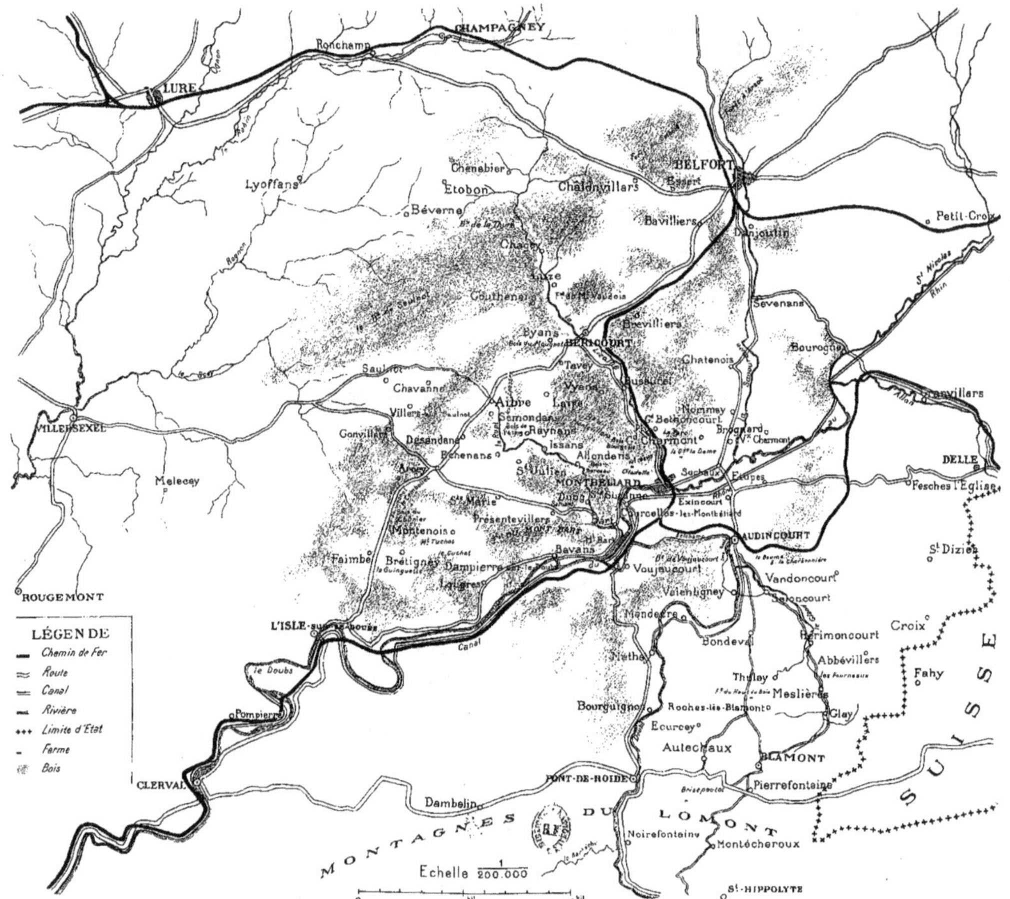

AVANT-PROPOS

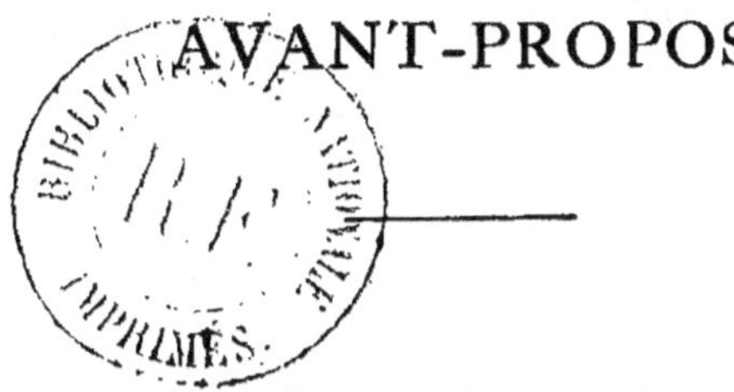

Je remercie très vivement toutes les personnes qui, à un titre quelconque, m'ont donné des renseignements inédits sur la guerre, à Montbéliard et ses environs; mais je suis particulièrement reconnaissant à M. Meunier, à M. Léon Nardin, de Besançon, et à MM. J. Blazer et A. Dijon, pour les documents qu'ils m'ont procurés; à M. Groshens, qui très artistiquement a pris les clichés, parfois délicats, de la plupart des reproductions qui ornent ce travail.

Enfin M. A. Roux a bien voulu me communiquer le journal tenu par M. Ch.-A. Peugeot pendant la guerre; j'y ai puisé de nombreux détails, qui m'ont permis de vérifier et de rectifier certains faits rapportés par nombre d'auteurs ayant traité de la guerre de 1870-1871.

Il m'arrivera quelquefois, au cours des relations qui vont suivre, de franchir les limites du Pays de Montbéliard proprement dites; cette nécessité s'impose pour me permettre de donner une vue d'ensemble de certaines opérations, ou encore de produire au jour des hommes qui touchent de très près à ce pays, et dont les actions d'éclat honorent grandement la région tout entière.

V. H.

LA GUERRE AUX ENVIRONS DE MONTBÉLIARD

I

De la déclaration de guerre à l'investissement de Belfort.

La stupeur, tel a été le sentiment qu'on a éprouvé en France, à l'annonce de nos premières défaites.

Après Sedan seulement et la proclamation de la République, s'est éveillé notre patriotisme, à la grande voix de Gambetta.

« Votre seule politique, écrivait aux préfets le Gouvernement, doit être la défense nationale ». Les préfets étaient, en conséquence, invités à désigner les maires s'occupant avec ardeur de la défense et y consacrant toute la force de leur volonté, à signaler ceux qui l'entravaient par leur faiblesse ; au besoin, ils devaient même pourvoir à leur remplacement.

Aussi, dans le courant du mois de septembre, sent-on comme une ardeur nouvelle dans toute la France ; c'est ainsi qu'à Besançon, le Conseil municipal avait donné à trois citoyens, dont Grévy, la mission de porter à Tours, le désir qu'il avait de s'associer *« à toutes les mesures que le Gouvernement croirait devoir prendre dans l'intérêt de la défense nationale »*. Puis, il avait voté des fonds pour aider à l'organisation du corps franc de Montbéliard. Intention louable sans doute, mais jamais le corps franc de Montbéliard n'a vu le jour ; je doute même qu'il ait existé sous une autre dénomination. Il y a bien eu des compagnies franches du Doubs ; on les verra bientôt à l'œuvre, mais pas l'ombre d'un corps franc de Montbéliard. Quelques-uns ont voulu voir, dans ce corps, les volontaires que l'on appelait les Gris. Or, voici ce que je lis au sujet des *Gris* appelés aussi les *Quarante* ou les *Anglais :*

Le Capitaine Huot

« Bien équipés et bien montés, ces hommes jeunes et riches pour la plupart étaient des volontaires venus se mettre à la disposition de la Patrie, après ses premiers désastres. La compagnie avait été formée à Paris, vers la fin d'août, par M. Maćain de Verdier, *« homme énergique qui avait beaucoup voyagé et fait la guerre d'Amérique »*. Elle avait pour lieutenant M. Girard, ancien sergent de zouaves, employé dans un ministère; pour sous-lieutenant, M. Aguado, de la famille des banquiers de Paris. Parmi les sous-officiers et soldats, on comptait deux ingénieurs civils des mines, un banquier, M. Malet, un négociant d'Alexandrie (Egypte), le comte autrichien Philippe Draskowitsch, qui avait pris part à la guerre du Mexique, un ingénieur de la Compagnie du Gaz parisien, un dentiste américain établi à Bordeaux, M. Fowler, un médecin, un journaliste, enfin sept Anglais et quelques jeunes gens de famille, Parisiens pour la plupart, en tout une quarantaine d'hommes. »

C'est cette petite troupe, où il n'y avait pas ou peu de Comtois, qui essaya, sans y réussir d'ailleurs, de faire sauter le tunnel de Saverne.

Puisqu'aussi bien je parle de coups de main et de guerre de partisan, qu'on me permette, dès maintenant, de montrer ce que fit dans cet ordre de choses, un enfant du Russey, le brave capitaine Huot. Et pour ne rien ôter à l'intérêt de ce récit, je vais raconter toute l'odyssée de Huot depuis le commencement jusqu'à la fin de la guerre.

Le Capitaine Huot

Né en 1840 au Russey, c'est-à-dire âgé de 30 ans au moment de la guerre, Louis-Joseph Huot s'engagea dans la 2e compagnie franche du Doubs, commandée par le Capitaine Gros. Il avait fait sept ans de service au 7e hussards, et en était revenu avec les galons de maréchal des logis. Le 10 septembre, il était nommé lieutenant et nous trouvons sa compagnie dans les Vosges. C'était, on le sait, après la Bourgonce et Nompatelize; Huot fait connaître tout de suite qu'il était homme de résolution : il reçoit un jour, comme instructions, l'ordre d'aller servir sous l'officier qui commande à Gérardmer. Avec 40 ou 50 hommes qui restaient de sa compagnie (l'autre moitié s'était retirée sur Besançon), Huot se rend à Gérardmer; ne trouvant personne dans cette localité, il remonte au nord de la ville, et ne tarde pas à rencontrer un détachement ennemi, qui vient pour y rentrer. Il ouvre le feu et tient les Allemands en échec sans perdre un pouce de terrain, jusqu'à ce qu'il ait brûlé toutes ses cartouches; il se retire ensuite sur Luxeuil par St-Maurice et le col de Servance. Sur sa route, il rencontre à Bethoncourt-les-Brottes, un convoi prussien se dirigeant sur Vesoul, attaque l'escorte et s'empare du convoi.

« Le surlendemain, dit-il dans ses notes inédites, nous avons attaqué à Calmoutiers un détachement prussien, composé de deux compagnies d'infanterie et d'un demi-peloton de uhlans. L'ennemi a eu deux cavaliers tués, mais nous n'avons pu évaluer les pertes de l'infanterie qui a battu en retraite sur Vesoul, en emportant les hommes tombés, selon son habitude.

« Après cette affaire, nous nous sommes dirigés sur Chatenoy, où nous sommes arrivés le lendemain et où nous avons appris que des uhlans étaient à Saulx; mais ils ont pu nous échapper. Quant à notre prise de Bethoncourt, les effets en ont été vendus à Lure, au profit de la compagnie, et j'ai conduit les prisonniers à Belfort.

« L'autorité militaire n'en ayant pas voulu, j'ai été obligé de les emmener à Besançon, et c'est là que j'ai reformé la compagnie qui prit le nom de 3e compagnie franche du Doubs ». Cette formation date du 28 octobre: « Placé sous le haut commandement, écrit-il, du général de Prémonville, commandant la 7e division militaire, je recevais mes ordres du chef d'état-major, colonel de Bigot. » D'après ses ordres, je devais harceler l'ennemi, le surveiller, entraver sa marche et couper court à ses réquisitions.

Aussi, dès le 30 octobre, apprenant qu'une compagnie allemande, escortant un major, se rendait de Gray à Vesoul, Huot surprit l'ennemi près de Raze et s'empara du major de Kelken. Celui-ci le prit de haut et se permit de dire au capitaine de la compagnie franche: « Moi, qui étais à Sadowa et à toutes les batailles sous Metz, je préfère la mort à l'humiliation de rester prisonnier de francs-tireurs. » Outré d'une pareille insolence, le capitaine Huot braque son revolver sur l'officier supérieur allemand et lui dit: « Rétractez ce que vous venez de dire ou je vous brûle la cervelle » ; injonction que le Major ne se fit pas répéter, et il devint doux comme un mouton.

Au mois de novembre, Huot opère toujours dans la Haute-Saône. Le 28 ou le 29, un détachement de 120 prisonniers français escorté de 80 Prussiens se dirigeait sur Vesoul. Huot les attend encore aux environs de Raze ; à la sortie du bois de ce village, il tombe sur l'escorte, la met en fuite et ramène quelques prisonniers à Besançon en même temps que les 120 Français.

Le 1er décembre, à Neuville-la Charité, le capitaine apprend que les Prussiens empêchaient, à Fretigney, les mobilisés de partir à l'armée. Voici comment opéra Huot dans cette circonstance : (J'emprunte le récit de cette petite affaire au N° du 12 décembre 1870 du journal *La Franche-Comté*.) « Surpris par l'attaque, les lanciers (uhlans) se sauvèrent à travers champs. Huot ne se découragea pas. Il s'élança à leur poursuite en suivant la trace que les pas de leurs chevaux laissaient dans la neige ; quelques-uns de ses hommes le suivaient, mais à une certaine distance. Seul il rattrapa les Prussiens, non loin de Maizières. Il somma le dernier de la bande de se rendre, ce que cet homme fit immédiatement, en jetant ses armes par terre ; il s'adressa alors au suivant. Celui-ci parut s'exécuter avec une certaine lenteur, mais Huot n'avait pas le temps d'attendre ; il le prit par une jambe et le renversa de cheval.

Il tenait alors ses deux prisonniers chacun d'une main et voyait, à son grand regret, les autres Prussiens continuer leur retraite. Heureusement, deux de ses hommes étant arrivés, il leur livra sa première capture et, enfourchant l'un des chevaux, il se lança à la poursuite des uhlans. Il en atteignit un encore qui se rendit ; les deux autres étaient trop loin pour qu'il pût espérer les rejoindre... Les trois prisonniers prussiens ainsi que les chevaux ont été amenés, vendredi soir, à 6 h. 1/2, dans notre ville ».

Après ce coup de main, Huot revient dans les environs du bois de Raze. On lui annonce, sur la route de Dijon à Vesoul, un convoi de prisonniers français, amenés jusqu'à Noidans-le-Ferroux ; dans cette localité, les Allemands supposent qu'ils n'ont plus rien à craindre et diminuent l'escorte de moitié. Mais Huot profite du terrain, se dissimule et laisse venir à lui l'ennemi ; quand celui-ci est bien en face de ses hommes, le

2

capitaine commande « Feu »; mais, pour ne pas blesser les prisonniers français, il fait tirer à droite et à gauche de la colonne. Puis, il commande : « En avant, à la baïonnette ». Les francs-tireurs se jettent sur les Prussiens aux cris de : Vive la France, Vive la République! les mettent en fuite et rentrent à Besançon, au milieu d'ovations enthousiastes, avec tous les Français et une trentaine de prisonniers ennemis.

Le 11 décembre, la compagnie du capitaine Huot, à laquelle on avait joint une compagnie de mobiles des Hautes-Alpes, opère dans les environs d'Oiselay et surveille la vallée de la Saône. D'après certains renseignements, un convoi de ravitaillement doit aller de Vesoul à Gray; Huot ne craint pas de se mesurer, malgré son faible effectif (90 Français) avec 900 Allemands, cavaliers et fantassins. Malheureusement une balle lui traverse les deux cuisses au milieu de l'action; mais l'ennemi est déjà en fuite, laissant aux mains des franc-tireurs une cinquantaine de prisonniers, dont le comte Von Bonnin, neveu de Bismark, dit-on, plus quatre ou cinq voitures avec les attelages ; le tout fut ramené à Besançon.

Le 14 décembre, aux applaudissements de tous, le capitaine Huot recevait la récompense de sa belle conduite ; un décret à cette date le nommait chevalier de la Légion d'honneur, et le colonel de Bigot se faisait un devoir d'aller lui porter lui-même la décoration si bien gagnée, dans le modeste logement de la rue de la Bouteille, à Besançon, où sa femme le soignait de sa blessure.

Cette distinction ne fait que redoubler d'ardeur le brave chef de partisans. Encore mal guéri de sa blessure, il marche avec un bâton, mais se remet en campagne, dans le courant de Janvier. Nous le retrouvons, en effet, aux environs de Pontarlier ; il se tient tantôt en territoire suisse et tantôt sur le territoire français, se déguise « en pacifique bourgeois », si bien qu'un jour, les Prussiens s'adressent à lui-même pour lui demander *s'il n'y avait pas de francs-tireurs dans les environs.* « Pas un seul », fut sa réponse, mais 100 mètres plus loin, il lève son bâton et crie : « Halte ». C'était le signal convenu avec ses hommes, qui s'élancent sur la route et barrent le passage aux Allemands ; ceux-ci tirent sur les francs-tireurs qui n'avaient pas fait feu, mais qui répondent alors de la même façon.

Bref, les Allemands qui venaient d'accompagner un convoi

VIETTE A L'AGE DE VINGT-DEUX ANS

de fusils jusqu'au premier poste suisse, se rendent à Huot qui les conduit à ce même poste (Suisse) du col des Roches.

Mais là, il fut arrêté, malmené, traîné en prison à La Chaux-de-Fonds, puis à Neuchâtel et finalement traduit devant un Conseil de guerre. Huot fut acquitté par sept voix contre une, le 15 mars 1871, aux acclamations de la population, et rentra en France. C'est à lui que revient l'honneur d'avoir tiré en rase campagne les derniers coups de feu sur l'ennemi.

Donc, au mois de septembre, les levées se font dans tout le pays, et le général de Prémonville, commandant la 7e division militaire prend, en octobre, les mesures nécessaires pour empêcher l'ennemi de franchir cette barrière naturelle et formidable que forme le Doubs. Quelques bataillons de mobiles sont échelonnés, à droite à Baume-les-Dames, l'Isle-sur-le-Doubs, Voujaucourt, Bondeval, Pont-de-Roide et Blamont. Puisque ce nom m'est venu sous la plume, je vais tout de suite parler de la compagnie Viette. C'était la 2e du 2e bataillon des mobilisés du Doubs (commt Chauvey). Elle était formée d'hommes provenant du canton de Blamont ; son effectif, très faible d'abord, (environ 100 hommes), s'était grossi par l'adjonction de volontaires suisses, montbéliardais, alsaciens. Elle était armée de fusils à tabatière et de quelques chassepots. Le capitaine Viette qui la commandait avait donné sa démission de maire de Blamont, pour pouvoir faire la campagne avec ses compatriotes. Le lieutenant était M. Péronne, de Blamont. Le sous-lieutenant Michel était un ancien sous officier de Crimée et d'Italie. Parmi les sous-officiers, le sergent-major Bernard était un ancien étudiant en théologie, qui avait servi dans l'infanterie de marine, le sergent Flamand était aussi un ancien étudiant en théologie, et le sergent Bartoszewski, un ancien étudiant en droit ; la compagnie avait été équipée, habillée et armée à St-Hippolyte.

Viette acheta, de ses deniers, du drap pour les effets qu'il fit confectionner, en réquisitionnant tous les tailleurs de la région. Il enferma ses ouvriers dans une maison de St-Hippolyte, gardée par un factionnaire pour les empêcher de s'échapper avant la fin du travail.

L'instruction fut la préoccupation constante du capitaine, et bientôt la compagnie fut prête (avant le reste du bataillon) à commencer les escarmouches et les coups de main, de concert avec la compagnie franche du 2e zouaves (capitaine Lavallière).

On les verra bientôt se présenter à l'ennemi, de façon assez crâne, mais comme ces deux unités ont la prétention de ne recevoir d'ordres que du Ministre, il se produit dans les actions des troupes qui opèrent dans la région de Blamont, un certain décousu qui ne permet pas d'escompter des résultats heureux et surtout sérieux. C'est ce qui a fait dire au commandant de Vezet, des mobiles du Doubs, avec une certaine aigreur, que l'on ne doit pas reprocher à un ancien officier de l'armée active qui demandait, avec raison, le concours des efforts et l'unité d'action vers un but bien déterminé : « M. Viette, riche propriétaire habitant Blamont, n'ayant jamais servi et ne sachant en aucune façon se plier aux règles de la discipline, avait été nommé capitaine de mobilisés. Il avait reçu l'autorisation de la préfecture et non de la division. Il prit donc l'initiative et attaqua l'ennemi à Hérimoncourt ; il eut, dit-il, le succès de mettre en fuite, avec 40 mobilisés, une colonne allemande considérable, accompagnée d'artillerie. Cette attaque était intempestive, vu les projets du Ministre de la guerre. »

La première affaire des deux compagnies indépendantes eut lieu à Abévillers, dans les circonstances suivantes : Il s'agissait d'enlever le poste prussien placé à l'entrée de Delle, vers Croix. Une colonne se forme (50 zouaves et 30 Viette) et atteint Delle entre onze heures et minuit. Elle se partage en trois groupes : le premier, pour enlever les sentinelles et pénétrer dans le poste, et les deux autres pour empêcher l'ennemi de porter secours au poste. Les sentinelles devant les armes étaient masquées et protégées par un fumier. Entendant un bruit suspect, l'une d'elles se dirige vers le poste pour donner l'alarme, tandis que l'autre tombe frappée d'un coup de baïonnette en pleine poitrine que lui donne le zouave Goguey, de Montbéliard. Mais l'éveil était donné, il fallut se replier sur Abévillers.

Le commandant de Vezet était très content du 1er bataillon de mobiles du Doubs, qui, bien exercé et bien commandé, fut en mesure, dès le 11 octobre, d'être envoyé de Besançon sur Montbéliard et Delle, pour gêner les opérations de l'ennemi, dans la direction de Belfort. Le bataillon arriva à Montbéliard, le 11, à 9 heures du soir, mais dut attendre 24 heures pour se rendre à Delle sur l'ordre de M. Vernis, ingénieur en chef des ponts-et-chaussées. Pourquoi cet arrêt dans la marche ? Le chef de la troupe avait pourtant reçu un télégramme lui donnant pour mission de se porter vers Seppois, pour appuyer les travaux de route du capitaine Herbert. Mais le 12, au moment de partir, contre ordre; il fallut se replier sur Voujaucourt où le bataillon arriva le même jour, à 9 heures du soir. A minuit, nouvel.ordre de revenir à Besançon où le bataillon rentra le 13 au matin. Le 15, nouveau départ pour le Lomont et Pont-de-Roide, avec ordre de défendre l'accès des plateaux du Doubs. Dès le lendemain, on fit des reconnaissances jusqu'à la vallée de l'Ognon où Werder venait de passer, mais il n'y avait plus de trace d'ennemis.

Le 19 octobre, le commandant de Vezet revint de nouveau à Voujaucourt pour y défendre le pont et le faire sauter, s'il y avait lieu, en attendant toutefois le bataillon de Saône et-Loire qui occupait Montbéliard. Dans ces positions, le 1er bataillon avait, à sa droite, à Montbéliard, le 5e bataillon des mobiles du Haut-Rhin, à sa gauche, le 3e bataillon du Doubs à L'Isle.

Le 20, le bataillon revint à Pont-de-Roide, en laissant à Voujaucourt deux compagnies du Doubs et une compagnie du Haut-Rhin.

La situation ne change pas jusqu'au 1er novembre.

A cette date, l'ennemi livre ses premiers combats pour assurer l'investissement de Belfort.

II

De l'investissement de Belfort à la concentration de l'Armée de l'Est.

La relation du siège de Belfort ne trouve pas sa place ici. Saluons du moins celui qui en fut l'âme et le héros et que la vue de la statue, élevée sur la place d'Armes par la piété des Montbéliardais à la gloire de Denfert, qui fut un des leurs par son mariage, nous soit un puissant réconfort !

Cependant, je ne puis passer sous silence certains épisodes de ce siège qui ont eu pour acteurs des personnages de Montbéliard.

Comment ne pas rendre hommage à l'énergie patriotique de M. Lalance, à son abnégation, et ne devrais-je pas citer, ne fût-ce que pour mémoire, les services qu'il a rendus au Gouvernement et à la Patrie ! Mais une voix plus autorisée que la mienne a fait naguère le panégyrique de l'ancien maire de Montbéliard et tout a été bien dit sur ce vrai patriote.

Il est intéressant, néanmoins, de rechercher ce que sont devenus ses collaborateurs, ce personnel, hommes et femmes, qui portaient aux autorités françaises, à Besançon, et au colonel Denfert, à Belfort, des nouvelles de Montbéliard, occupé par l'ennemi depuis le 8 novembre.

Dans le tableau de Neuville, on voit le facteur Vuillier aux côtés de l'abbé Chaumet, M. Lalance marchant en avant d'un pas décidé. Vuiller, ancien dragon qui dépassait la soixantaine et était manchot, ayant été amputé du poignet droit à la suite d'un accident de cheval, était un de ceux qui apportaient clandestinement au maire de Montbéliard des dépêches du préfet du Doubs. Malheureusement il s'était fait prendre à Présentevillers, le 12 janvier. Alors que M. Lalance et l'abbé Chaumet

Monument du Colonel Denfert

Place d'Armes, Montbéliard.

restaient à Strasbourg, Vuillier était interné dans une grande ville du Nord de l'Allemagne; il en revint à la paix et, malgré les pénibles épreuves qu'il avait traversées, reprit son service. Ayant obtenu sa retraite, quelque temps après, il devait entrer à l'hospice de Montbéliard, à titre de vieillard infirme et assisté; mais il mourut le jour même de son admission dans cet établissement.

Dans ses notes inédites, M. Lalance cite également comme ayant bien servi son pays, en organisant un service postal occulte entre Montbéliard et l'extérieur, M. Bras, receveur des postes à Montbéliard. Il est mort depuis longtemps; son fils, M. A. Bras, est chef de bataillon à Belfort.

Quelques-uns des émissaires de M. Lalance pénétraient dans Belfort assiégé. Le métier était dangereux, mais néanmoins fait pour tenter quelques hommes énergiques, privés depuis longtemps de travail et de salaire, car il rapportait bon. Chaque lettre arrivant était payée.

Parmi ces émissaires se trouvait une femme de Montbéliard qui, bourrée de correspondances dans la doublure de ses vêtements, passait par les bois, vendait quelque peu de tabac aux petits postes allemands qu'elle trouvait sur son chemin, et arrivait ainsi dans la Place, où on la connaissait aux avant-postes. Elle fit bien des fois le voyage durant le siège et finit pourtant par y renoncer, parce qu'elle s'était trouvée un jour prise entre deux feux, dans un engagement, ce qui lui avait causé une peur horrible. La femme Gluck (1) — tel est son nom — existe encore ; elle est marchande de quatre saisons, à Montbéliard, et nous la coudoyons chaque jour. En réalité, elle se rendait à Belfort avec un jeune homme nommé Eugène Mange, originaire d'Audincourt ; tous deux entraient dans la Place par la porte de Brisach, sans trop de difficultés ; un jour cependant, ils furent arrêtés par un gendarme de garde à la porte ; celui-ci les questionna sur ce qu'ils venaient faire dans la ville; la femme Gluck lui apprit alors qu'ils apportaient des correspondances de Montbéliard; le gendarme s'informa si elle n'avait pas de lettre adressée au nommé X... ; la première qu'on lui montra était justement destinée au nommé X..., qui se trouvait

(1) Et non Mange, comme le rapporte Grenest.

être le gendarme en personne. On pense bien que les difficultés, après cela, furent vite levées.

Ce gendarme était, dit-on, parent de la famille Morand Sundgauer, de Montbéliard.

Qu'on me permette de citer encore le sergent de ville Launois, qui, à l'approche de l'armée française, prit son fusil et alla courageusement faire le coup de feu contre les Allemands ; et enfin, Pierre le Brave.

Ce dernier, ancien gendarme, homme d'une très grande énergie, était concierge à la mairie de Montbéliard. « Il n'avait peur de rien, dit M. Lalance, ne se troublant de rien, même dans les moments les plus difficiles, les plus bousculés à la mairie ; de jour et de nuit, il ne s'était jamais départi de son sang-froid et de son énergie habituels ». Voici un trait que tous les Montbéliardais connaissent et aiment à rappeler :

Le 15 janvier, le canon français a tonné dès le matin, non loin de la ville, mettant en émoi les habitants....

A ce moment, des Prussiens sont occupés à la mairie, avec des conseillers municipaux, à lever de nouvelles réquisitions ; ils sont en train de dicter leurs exigences, quand la porte s'ouvre avec fracas ; c'est Pierre, le brave concierge, qui entre comme une trombe et, l'air radieux, quoique la voix menaçante, crie de toutes ses forces : « Ne leur donnez plus rien à ces cochons-là, les Français arrivent ».

En temps ordinaire, on devine ce qu'aurait valu à ce bardi compagnon une telle apostrophe... mais tout le personnel de réquisitionnaires se faisant tout petit, fila par toutes les portes sans demander son reste.

Exposons maintenant les faits de guerre qui ont eu lieu, dans le pays, pendant les deux derniers mois de l'année 1870.

Le 2 novembre, à l'approche de l'armée du général de Treskow, le 5e bataillon du Haut-Rhin reçoit l'ordre d'évacuer Montbéliard et de se rendre à Clerval et à Anteuil.

Le 5 novembre, le capitaine de Lénoncourt est envoyé par le général commandant la 7e division militaire, pour inspecter les lignes des grand'-gardes du 6e bataillon ; il paraît évident que quelques compagnies disséminées de Blamont à Voujaucourt ne pourraient résister à une attaque sérieuse.

Le 8, les Allemands occupent à peu près tout le canton de Montbéliard.

Le 9, le commandant de Vezet reçoit une longue dépêche, lui enjoignant de replier tous ses postes sur la rive gauche, en arrière du pont de la vallée de la Barbèche, avec un détachement à ce pont.

Le 10, le mouvement ordonné par cette dépêche s'exécute. Avant de partir, les officiers du génie font sauter les ponts sur le Doubs, de Voujaucourt, Audincourt, Valentigney et Mandeure.

Voici un extrait du journal de M. Peugeot sur ces événements :

« *4 novembre.* — Le câble du bac de Belchamp est détaché ; la première pile du pont de Sous-Roche est renversée, au moyen de scies, de haches et de feu. »

« *Du 5 au 13 novembre.* — Je vais après-midi à Voujaucourt voir les ponts qui ont sauté hier; la moitié du vieux pont est complètement détruite; il a été employé 600 kilos de poudre; les blocs de pierres agglomérées ont été lancés à 2 ou 300 mètres sur les prés et, heureusement, il y a eu très peu de dommage dans le village. Quant au pont du chemin de fer, le tablier seul a été enlevé, les voûtes et les piles sont encore là, mais on les mine. La seconde arche du pont de Sous-Roche, miné avec 100 k^{os} de poudre, a sauté avec une détonation épouvantable, à 9 heures du soir. On dit que trois personnes ont été blessées, l'une devant la pharmacie ; une pierre de plus de 60 kilos est tombée dans la maison Faivre. Le même soir, à 9 h. 1/2, la seconde arche du pont de Valentigney, minée des deux côtés, a enfin sauté. On nous assure qu'une dépêche, arrivée à Porrentruy, annonce qu'un armistice de 25 jours, avec *statu quo*, a été signé ; cette dépêche n'émanant pas du Gouvernement français, les capitaines du génie n'ont pas pu empêcher de faire sauter les ponts : celui de Mandeure a été complètement détruit cet après-midi. »

Le 12, L'Isle-sur le-Doubs est occupé par les Prussiens qui, ne pouvant franchir le col de Ferrière, se retirent sur Montbéliard.

Le 17, le commandant de Vezet reçoit l'ordre de s'opposer au rétablissement des ponts sur le Doubs ; les Allemands avaient, en effet, construit des chevalets dans les usines de M. Constant

Peugeot, à Audincourt. Dans la nuit du 17 au 18 novembre, les capitaines du génie Herbert et Vallet, précédant de quelques heures la colonne du 1er bataillon à la tête de quelques hommes déterminés, passèrent le Doubs sur de petites barques, et allèrent scier les chevalets à quelques cents pas des grand'-gardes ennemies. L'opération réussit parfaitement et retarda de quelques jours la tentative de passage de l'ennemi.

Le 18 au soir, les mobiles du Doubs occupent Voujaucourt, rive gauche (2 compagnies), Valentigney, Audincourt (2 compagnies), Mathay (3 compagnies en réserve). Les Allemands occupent Voujaucourt, rive droite, et Audincourt, rive droite. Le plateau de Blamont reste inoccupé, les zouaves s'étant repliés sur St-Hippolyte.

Le 1er bataillon établit des fossés de tirailleurs et des embuscades dominant les ponts rompus de Voujaucourt et d'Audincourt. Il est soutenu par une batterie de montagne, par un petit bataillon de 200 douaniers dont le commandant fait grand cas, et enfin par la 5e compagnie du 3e bataillon qui est à Dampierre-sur-le-Doubs.

Combats de Voujaucourt et d'Audincourt.

On connaît la topographie des lieux. A Voujaucourt, l'ennemi qui veut chercher à franchir le fleuve, est obligé de s'engager sur un terrain battu de face, de droite et de gauche, par les feux de la troupe qui, de la rive gauche, défend le passage; à Audincourt, au contraire, c'est le défenseur qui est en prise aux feux de face, de droite et de gauche de l'ennemi qui occupe la rive droite.

Le 20 novembre se montrent deux reconnaissances prussiennes : Devant Voujaucourt, l'infanterie et la cavalerie dont se compose la reconnaissance sont repoussées et laissent une douzaine de morts sur le terrain ; la fusillade n'a duré qu'une demi heure.

A Audincourt, les Allemands n'ont que de la cavalerie. Elle tourne bride à la première décharge des nôtres, en abandonnant quelques chevaux que ramènent les mobiles de la 4e compagnie qui avaient traversé le Doubs crânement pour aller les prendre.

Le 22, le feu s'engage sans grand résultat entre nos soldats et les petits postes que l'ennemi a installés sur l'autre rive, lorsqu'à midi un convoi de farine sortant du moulin de Lougres, et escorté de loin en loin par des uhlans, passe à hauteur de Voujaucourt se dirigeant sur Montbéliard. Le feu redouble et 50 mobiles, sous les ordres du capitaine du génie Herbert, se jettent dans des barques et s'emparent de 76 sacs de farine qu'ils ramènent sous le feu des Prussiens, tiraillant toujours de l'usine de La Roche.

Les uhlans qui escortaient le convoi, furent poursuivis sur le Mont-Bart par les mobiles ; mais ils s'échappèrent, grâce à leurs chevaux. Ce coup de main devait attirer une attaque plus sérieuse ; aussi la Mobile s'y préparait-elle.

Le lendemain 23, l'affaire fut plus importante : deux colonnes allemandes, partant de Montbéliard, s'avancèrent simultanément sur Audincourt et Voujaucourt ; elles comprenaient des pontonniers, des artilleurs et des fantassins, à l'effectif de 1500 hommes chacune.

Dès 8 heures du matin, l'artillerie ennemie ouvre le feu à mitraille sur Audincourt. Les deux compagnies de grand'garde, prises en flanc et à revers, se retirèrent dans les bois après plusieurs décharges, en laissant quelques hommes tués ou blessés sur le terrain. Les pontonniers prussiens cherchèrent à rétablir le pont à l'aide de barques et de grands sapins. Heureusement une pluie torrentielle avait grossi le Doubs ; les barques chavirèrent et la tentative de l'ennemi échoua.

M. Peugeot, dans son journal fait, comme il suit, le récit de cette affaire :

« *Mercredi 23.* — Terrible journée. Les Prussiens arrivent par Exincourt, à 8 heures ou 8 h. 1/2, avec du canon ; nous avons sur le coteau tout au plus deux compagnies de mobiles ; les ennemis commencent par lancer des bombes sur les Français qui sont mal retranchés ; la fusillade devient nourrie des deux côtés, les ennemis tirent du village et de derrière le mur du verger Elles (Jacot). Le feu se ralentissant un peu, je veux aller aux renseignements à la Grande Maison ; étant dans le jardin, une bombe passe en sifflant au-dessus de moi, et en revenant, j'entends encore trois balles ; vers 10 heures, les mobiles ne pouvant tenir devant les obus lancés sur eux par une pièce placée près du cimetière, sont obligés de se replier, je crois, dans la forêt. Le feu cesse alors complètement, cinq Prussiens tentent, avec une barque, de jeter une communication sur la partie détruite du pont, mais ils ne peuvent y parvenir. »

Aussitôt le commandant de Vezet rallia sa troupe, en forma quatre petites colonnes et réoccupa Audincourt.

Que s'est-il passé en même temps à Voujaucourt? Là, les 2e et 3e compagnies du 1er bataillon et la 5e du 3e — nous avons vu que celle-ci était cantonnée à Dampierre-sur-le-Doubs — résistèrent en vieux soldats.

« Elles étaient bien commandées, la 2e par un capitaine sortant de l'armée, M. Jeanney, adjudant aux gendarmes de la garde, et la 3e par M. Bruand, ancien employé des douanes, officier jeune et vigoureux. M. Zaremba, ex-sous-officier de contre-guérilla au Mexique et M. de Moustier étaient lieutenant et sous-lieutenant de la 2e compagnie et montrèrent une grande énergie.

Le capitaine Jeanney dissimula ses hommes dans les maisons et dans les fossés de tirailleurs, et, laissant approcher l'ennemi jusqu'au bord de la rive droite, il ouvrit le feu à 150 mètres. Cette première décharge renversa et tua toute la tête de colonne, y compris le colonel et l'adjudant-major, et les Prussiens en débandade se réfugièrent derrière toutes les maisons de Voujaucourt (rive droite).

Blessé mortellement, le colonel allemand aurait eu une mort héroïque, qui rappelle celle de Fuentès à la bataille de Rocroy. « Il se fit apporter un siège, dit le Journal de marche du commandant de Vezet, et resta jusqu'à la dernière extrémité au milieu de ses hommes pour les encourager. La fusillade avait duré de 8 heures du matin à 6 heures du soir. L'ennemi cribla Voujaucourt d'obus et même de boulets ronds de 24, vénant d'anciennes pièces françaises. Les mobiles du 1er bataillon tinrent parfaitement et forcèrent les Prussiens à abandonner la partie. »

Le commandant de Vezet, après s'être assuré par lui même, pendant la première partie de la journée, que tout marchait bien à Voujaucourt, avait établi, en arrière dans les bois, de grandes lignes de tirailleurs reliant Voujaucourt au poste d'Audincourt, qui pouvait être tourné. Heureusement que l'attaque sur ce dernier village fut abandonnée et que les troupes allemandes d'Audincourt furent appelées au secours de celles de Voujaucourt. Les pertes des Prussiens s'élevèrent au moins à 150 hommes, tués ou blessés ; presque tous leurs officiers montés restèrent sur le terrain ; chez nous, il n'y eut qu'une quinzaine d'hommes hors de combat.

Le même jour, des francs-tireurs de la Gironde, au nombre de 40, sous les ordres d'un lieutenant, avaient été chargés de défendre la ferme modèle de Belchamp ; ils firent une décharge des fenêtres de cette ferme, à 1500 mètres sur l'ennemi, qui répondit par quelques obus ; aussitôt les francs-tireurs se retirèrent sur Valentigney et de là à Pont-de-Roide ; on ne les revit plus.

« A Belchamp, écrit M. Peugeot, les francs-tireurs ayant tiré sur les Prussiens, la canonnade a été dirigée sur la ferme ; toute la famille a été obligée de se réfugier dans la cave, où elle est restée plus d'une heure ; mais, effrayée par le bruit du canon et des fusils, elle en est sortie et, par une pluie battante, elle est entrée dans la forêt, quand une fusillade les a tous forcés à se jeter à terre. Il fallait porter les enfants, et ce n'est qu'après une heure et demie de marche qu'ils sont arrivés à Mathay, où ils ont pu se procurer une mauvaise voiture qui les a conduits à Pont-de-Roide. Malgré la canonnade et la fusillade, Belchamp n'a pas éprouvé de grands dommages....

« A 4 heures après-midi, le capitaine du génie Valette est parti avec l'une de nos voitures pour aller faire sauter le pont de Pont-de-Roide. »

Le chef du 3e bataillon, avec une bonne partie de sa troupe, accourut de L'Isle et Baume au secours du 1er, et établit ses compagnies en soutien à Mathay, Bourguignon et Pont-de-Roide.

« Les conséquences de ce combat sont sérieuses, car sur ce point, la voie ferrée et la route de terre de Besançon à Belfort passent sous le feu de la rive gauche que nous possédons ; nous restons ainsi à 3 kilomètres de Montbéliard et gardons les routes pour l'arrivée déjà prévue de l'armée de l'Est (54e provisoire). »

Pendant la nuit, le 3e bataillon avait regagné ses cantonnements et demandait, le 24, que le 1er vînt à son secours, au cas où il serait attaqué vers l'Isle-sur-le-Doubs. Aussitôt, le commandant de Vezet réunit son bataillon, à Mathay, prêt à tous les événements. Vers deux heures, il reçut la dépêche suivante de l'employé du télégraphe de Voujaucourt : « *Une colonne de Prussiens, composée d'un millier de fantassins, une batterie d'artillerie et 150 cavaliers, escortant environ 60 voitures de réquisition, chargées de vivres, est partie ce matin de L'Isle, passe à Bavans, se dirigeant sur Montbéliard. De nombreux postes d'infanterie sont établis sur les montagnes, en face du Doubs, pour protéger le convoi.* »

Le commandant du 1er bataillon fit immédiatement rompre les faisceaux et partit, en toute hâte, pour empêcher les Prussiens de passer à Voujaucourt; mais l'ennemi prit le chemin de traverse, qui va de Bavans à Présentevillers, et de là gagna Montbéliard.

Depuis cette époque et jusqu'au 25 janvier 1871, Voujaucourt fut toujours occupé par les mobiles du Doubs. A part quelques escarmouches insignifiantes, il ne s'y passa aucun fait remarquable ; les Allemands de Treskow, trop occupés par les travaux du siège de Belfort, ne pouvaient pas songer avant longtemps à tenter aucune action sérieuse de ce côté. Quand un de nos coups de main avait été heureux, le lendemain une batterie allemande s'établissait hors de portée de nos chassepots, et bombardait la rive gauche en toute sécurité ; c'est ainsi que Valentigney et Audincourt furent bombardés deux fois ; une autre fois c'était le tour de Belchamp et de Dampierre.

Mais cette tranquillité est plus apparente que réelle ; voici, en effet, d'après M. Peugeot, les incidents d'une journée à Audincourt et aux environs, prise au hasard :

« *Mardi 6.* — On nous assure que, dans l'attaque des zouaves, il y a eu 12 Prussiens tués et deux chevaux pris, dont l'un légèrement blessé; on nous dit encore que samedi 3 courant, près de Dampierre-sur-le-Doubs, quatre mobiles ayant tiré sur des Prussiens, ces derniers auraient bombardé le village et que deux enfants, dont l'un était dans son berceau, auraient été blessés ; les quatre mobiles auraient alors blessé ou tué quatre Prussiens.

« Au moment de l'attaque, dans la forêt de Fesches, l'un des deux blessés a été conduit par les zouaves, à Beaucourt ; un autre uhlan a traversé l'Allan à la nage, est arrivé, tout mouillé, chez M. le pasteur Meyer [1] qui lui a donné trois tasses de café pour le réchauffer, puis lui a dit qu'il devait partir, parce qu'il ne voulait encourir aucune responsabilité ; ce soldat est rentré au village, a rencontré un paysan, l'a prié de ne pas le perdre, qu'il était père de plusieurs enfants, et comme il était tout mouillé, le paysan lui a donné des habits dont il s'est revêtu, puis il est parti ; le même soir, à 9 heures. les Prussiens sont venus arrêter M. Meyer et le maire, pour les conduire au château de Montbéliard.

« Fallot, ayant appris cette arrestation s'est rendu à Montbéliard ; mais le colonel auquel il voulut parler lui fit répondre que, s'il n'avait aucun fait positif à lui signaler, il ne le recevrait pas.

« Les uhlans sont venus deux fois jusqu'au cimetière. Le soir, vers 8 heures, arrivent à Audincourt environ 16 Prussiens, dont 4 uhlans ; ils apportent au maire une lettre par laquelle on réclame la réquisition qui, dit-on, aurait dû être livrée et ils donnent jusqu'à demain pour tout délai.

« Duvernoy [2] ayant déclaré qu'il ne pouvait livrer aussi promptement, ils lui demandent alors de les accompagner à Exincourt ; Duvernoy ayant un lumbago, tâche de s'excuser ; son fils Eugène offre de le remplacer, et ce n'est qu'avec peine qu'il se fait agréer. On se met en route, mais arrivés au passage à niveau, les Prussiens suivent le chemin de fer jusqu'à la Baume, puis vont à Seloncourt et à la fabrique de Valentigney où ils s'arrêtent un bon moment et reviennent à Audincourt, qu'ils quittent entre minuit et une heure. Ils avaient demandé au maire Duvernoy s'il y avait des francs-tireurs ; sur sa réponse négative ils ont dit qu'on leur avait pourtant tué deux hommes ; le maire leur a fait observer que ce n'était pas à Audincourt, mais du côté d'Etupes, qu'il n'y avait que des mobiles de ces côtés, et qu'encore c'était sur l'autre rive du Doubs, sur Valentigney.

« On dit ce soir qu'Orléans a été repris par les Prussiens. Il doit être arrivé deux pièces de canon à Voujaucourt. »

Pendant ce mois de décembre, le sous-préfet de Montbéliard qui s'occupait aussi de la défense et qui, dès le commence-

(1) A Etupes.
(2) Médecin à Audincourt.

ment de novembre habita Saint-Hippolyte, envoya souvent des dépêches au commandant du 1er bataillon qui les considéra toujours comme de simples renseignements, En voici une que je cite à titre de spécimen : « *Sous-Préfet à Commandant mobile, à Pont-de-Roide.* « *Un exprès arrivé de Montécheroux dit qu'on a vu Prussiens dans les bois près du village. Avez-vous renseignements? Zouaves et francs-tireurs sont partis. Tenez une compagnie prête pour venir, si c'était vrai. Je vous télégraphierai, mais me paraît extraordinaire.* Fanart. »

Les Prussiens ne pouvaient être à Montécheroux, dit le *Journal du 54e provisoire*, sans avoir passé à Blamont, c'était une fausse alerte. La compagnie de zouaves du capitaine Lavallière était d'ailleurs à St-Hippolyte et aurait pu éclairer la position.

Montbéliard était occupé par des forces considérables, comme on va le voir, et Charles Lalance eut à se débattre avec les exigences hautaines de l'envahisseur. Il fallut faire face à ses réquisitions, faire place aussi et assurer des soins à ses malades et à ses blessés. M. John Viénot cite à ce sujet un message d'un style peu banal, adressé au maire de Montbéliard, *(Mémoires de la Société d'Emulation de Montbéliard, 1902).*

L'importante position de Montbéliard, dit l'ouvrage du grand Etat-Major prussien, 2e volume, était gardée par un bataillon, un escadron et quatre pièces ; entre temps, le détachement de Montbéliard avait été encore renforcé; toutefois l'ouverture des opérations d'attaque de l'artillerie assiégeante avait nécessité le rappel d'une partie des troupes employées sur ce point. Le château ayant été armé de 4 pièces de siège, ses défenses avaient été complétées et sa garnison renforcée ultérieurement de 1 officier, 4 sous-officiers et 40 hommes de l'artillerie de la place, plus, le 12 janvier, de 2 canons badois de 12, avec leurs servants.

D'autre part, le colonel d'Ostrowski, avec 4 bataillons, un 1/2 escadron et 4 bouches à feu, prenait position derrière le Gland, entre le Doubs et la frontière suisse et, le 29 décembre, il chassait les Français d'Hérimoncourt, après un engagement sans importance. Viette, de son côté, prétendait, on l'a vu plus haut, avoir eu le succès. On peut se rendre compte que les Allemands n'ont pas jugé de la même façon : la rencontre, en effet, était inopportune et ne pouvait donner que des résultats négatifs. C'est tellement vrai que les troupes allemandes sont venues occuper Bondeval le même jour.

Quand le général de Debschitz fut ensuite arrivé à Delle, et eut poussé de ce point jusque dans le voisinage de Beaucourt, pour garder l'espace compris entre le Doubs et la frontière suisse, le colonel d'Ostrowski revint, en arrière de l'Allaine, sur Brognard, afin de former repli, tant pour les troupes de Beaucourt que pour celles de Montbéliard, et il passait sous les ordres du colonel de Bredow. Le colonel de Zglinicki avait été dirigé avec 3 autres bataillons, un demi escadron et 6 pièces sur Arcey, où se trouvait déjà un bataillon depuis un certain temps; enfin 3 bataillons, sous le commandement du colonel de Zimmerman, recevaient l'ordre de se tenir prêts à renforcer le détachement d'Arcey.

Les Allemands étaient vaguement informés des mouvements de nos troupes de l'armée de l'Est; aussi Werder reçut-il l'ordre de quitter Dijon et de se replier sur Gray et Vesoul, avec son corps d'armée, le 14, pour assurer une protection efficace aux troupes de siège et s'opposer, si possible, aux progrès de l'armée française.

Le moment paraît venu, en cette fin d'année 1870, de rapporter un coup de main exécuté par les zouaves du capitaine Lavallière à Montbéliard :

La maison, habitée actuellement par M. Chenevière, appartenait à la famille Piquet. Les Prussiens y avaient établi un poste, commandé par un sous-officier, poste qui s'était installé au rez-de-chaussée, reléguant le propriétaire et les siens au premier étage.

Par une sombre nuit de la fin de novembre [1], vers 3 heures du matin, la famille Piquet fut réveillée en sursaut, par des coups de feu, des cris, le bruit de gens qui se sauvent affolés. Quand le silence fut rétabli et qu'on se hasarda à descendre, on trouva des traces de sang à l'entrée et à gauche du pont levis, mais dans le corps de garde, vide de troupes, pas plus qu'aux alentours, on ne put découvrir ni blessé, ni tué. Voici ce qui s'était passé :

(1) C'est le 20 novembre exactement (Journal de M. Ch. Peugeot).

Les zouaves de la légion franche, alors à St-Hippolyte, ayant passé le canal sur une écluse un peu plus haut, s'étaient glissés jusqu'à la sentinelle de gauche qu'ils avaient tuée et, comme les soldats du poste de Montbéliard se montraient aux fenêtres ouvertes du rez-de-chaussée, ils avaient envoyé à ces curieux une décharge et blessé, d'une balle à travers la gorge, leur chef de poste.

Ce petit coup de main décida les Allemands à évacuer cette position avancée et à mettre, non plus seulement le canal, mais encore la rivière entre eux et les francs-tireurs.

III

Du 1er Janvier 1871 à la retraite de l'armée de Bourbaki.

Le 1er janvier, les Prussiens, apprenant qu'ils allaient être attaqués, évacuèrent Bondeval. On attendait à Blamont, pour contenir et immobiliser les troupes du général Debschitz, d'abord une division française, puis une brigade avec de l'artillerie; aucun corps ne se montra, à l'exception d'une bande d'un millier d'hommes environ, de toutes les nationalités, et qui s'appelaient les *Vengeurs de la mort*, commandés par Malicki. Ils étaient vêtus d'un paletot bordé d'astrakan et coiffés d'un bonnet en mouton gris. Leur chef se disait Polonais, originaire de la Lithuanie. C'était un Russe, au dire des Polonais qui l'accompagnaient. Il avait sous ses ordres tout un état-major, de nombreux officiers, des capitaines et des lieutenants de cavalerie, des officiers du génie, etc... Ces soldats, étranges encore plus qu'étrangers, avaient été organisés à Lyon par un comité qui avait ouvert à Malicki un crédit de 300,000 francs.

Les Vengeurs devaient occuper Abbévillers le 2 janvier, pendant que 3 compagnies du 1er bataillon de mobiles du Doubs et la compagnie Viette s'établiraient à Bondeval; les douaniers devaient garder Thulay. Le mouvement s'exécuta, dans le but, surtout, de tenir solidement le plateau de Blamont. A Seloncourt, les Prussiens firent sauter les ponts sur le Gland et se retirèrent, au moment de l'arrivée de notre artillerie. Le commandant de Vezet revenait le soir à Blamont, quand il aperçut les Vengeurs de la mort fuyant dans tous les sens et criant à la trahison. Ils avaient raison : leur commandant avait jugé à propos de passer en Suisse, avec les fonds de la légion; une partie de ses hommes l'avaient suivi, d'autres revenaient sur Blamont. Cette tourbe en débandade retourna immédiatement à Besançon, en pillant les populations sur son passage. Là, les Vengeurs furent licenciés ; Malicki eut son procès instruit, le conseil de guerre le condamna, par défaut, à 20 ans de travaux forcés pour désertion, provocation à la désertion et emport de fonds.

Une version différente circulait dans Audincourt, au sujet de cet engagement : « On nous rapporte qu'hier, à 3 heures du matin, des soldats de la légion étrangère ont surpris les Prussiens à Abbévillers, les ont poursuivis jusqu'à la frontière de Suisse, où un grand nombre se sont rendus (Extrait du journal de M. Ch.-A. Peugeot).

Afin d'assurer l'unité d'action et de direction, le commandant de Vezet du 1er bataillon de mobilisés du Doubs fut nommé lieutenant-colonel, et le 7 janvier, il prend le commandement du 54e provisoire. Il a également sous ses ordres les douaniers et la compagnie Lavallière qui est toujours à St-Hippolyte. Le même jour, il est avisé que notre 15e corps, droite de l'armée de Bourbaki, s'avance vers lui pour opérer de Clerval à Blamont. Le 8 janvier, le colonel de Bigot, chef d'état-major adresse la dépêche suivante au colonel de Vezet : *Général de division à colonel de Vezet, commandant 54e de marche, Pont-de-Roide. « Le général Minot, commandant la 1re brigade de la 2e division du 15e corps d'armée, est chargé de la défense du plateau de Blamont et des passages et ponts du Doubs ; il est détaché sous mon commandement. Vous êtes placé sous ses ordres, ainsi que le colonel Bousson, auquel je donne le commandement militaire, pour la défense du Doubs, du bataillon des Hautes-Alpes que j'envoie à L'Isle-sur-le-Doubs, du bataillon des Vosges, envoyé à Clerval et du 4e bataillon de garde mobilisée de la Haute-Saône qui part pour Baume-les-Dames. La brigade Minot attend pour partir que le pont de Pont-de-Roide soit rétabli. Faites-le donc rétablir d'urgence..... Si vous le pouvez, faites prévenir Bousson de rester à Clerval et de se mettre à la disposition du général Minot. Par ordre :* Bigot »

En même temps le colonel Bourras arrive à Pont-de-Roide, à la tête du corps franc des Vosges, composé de 1200 francs-tireurs. Ce corps vient de Gray ; il a reçu l'ordre d'aller à l'extrême droite de l'armée de Bourbaki pour couvrir son mouvement. Bourras part pour Blamont, après entente avec le colonel de Vezet, et va occuper Glay et Abbévillers, en repoussant une grand'garde ennemie sur Croix.

Le 9 janvier, le pont de Pont-de-Roide est rétabli ; le 11, à midi, le général Minot et sa brigade arrivent à Pont-de-Roide, mais à 2 heures, le général Minot est avisé par dépêche qu'il doit « repasser sur la rive droite, à Clerval, et se porter à Onans « où il doit être rendu dans la matinée du 12, pour prendre part « à un mouvement offensif général, ordonné sur toutes les posi- « tions. »

D'autre part, les troupes de Bourras et celles du colonel du 54e doivent également prendre l'offensive, dans la matinée du 12; le colonel Bourras doit se porter en avant sur le plateau d'Abbévillers, pour essayer de tourner l'ennemi, en s'avançant dans la direction deSt-Dizier et Fesches-l'Eglise, occupant successivement, dans les bois, les positions dominantes sur Vandoncourt et Beaucourt. Voujaucourt doit être occupé par le corps du colonel Bousson.

Il est temps maintenant de parler de l'armée de l'Est et de suivre cette armée sur un autre théâtre, sans toutefois nous éloigner du pays de Montbéliard. Jetons d'abord un coup d'œil rétrospectif sur la formation, la marche et les affaires auxquelles cette armée a pris part jusqu'après Villersexel, c'est-à-dire jusqu'aux opérations qui vont avoir lieu sur la Luzine.

Au milieu de décembre 1870, les trois corps qui allaient devenir l'armée de l'Est, 15e, 18e et 20e se reformaient dans la région de Bourges. Gambetta était arrivé dans cette ville, s'employant à reconstituer matériellement l'armée et à relever le moral de Bourbaki, qui venait d'être nommé général en chef. Ce n'était peut-être pas l'homme qu'il fallait pour une opération aussi décisive, qui consistait à débloquer Belfort et à couper les communications des ennemis dans l'Est.

C'est sur une bravoure brillante, plus que sur des qualités de tacticien et de stratégiste, que s'était fondée la fortune militaire de Bourbaki, soldat intrépide, entraîneur incomparable au feu, mais nullement chef d'armée ; il avait d'ailleurs une maladie noire qui le conduira à une tentative de suicide, au milieu de la retraite de son armée.

Le plan élaboré à Bordeaux par M. de Freycinet, alors Ministre de la guerre, avait déjà été indiqué par le général Crouzat lorsqu'il était colonel à Belfort ou à Besançon ; on ne devait employer pour cette mission que les 18e et 20e corps, plus le 24e qui, sous le commandement du général Bressoles, se trouvait déjà à Besançon et aux environs. Le 15e corps devait couvrir Bourges et Nevers et immobiliser au moins un ou deux corps d'armée allemands; bientôt, sur les instances de Bourbaki, ce corps d'armée qui avait un rôle pourtant bien utile, fut envoyé à Clerval pour renforcer l'armée de l'Est.

Passons sur les conditions déplorables dans lesquelles s'est effectué le transport des 18e, 20e et 15e corps, et voyons seulement comment s'opère le débarquement du 15e corps à Clerval. Dans cette petite gare, sans quais, sans matériel de débarquement, ce fut un entassement effroyable, des files de trains de plusieurs kilomètres, immobilisés sans pouvoir donner un tour de roue, en avant ou en arrière. Bref, le 15e corps commence son débarquement le 8 janvier, et le prolonge jusqu'au 16, avec maintes fausses directions dans les convois de vivres et de munitions. Ces longues stations dans les wagons firent cruellement souffrir les hommes et affaiblirent les attelages.

Quelque lents et défectueux qu'eussent été nos mouvements préparatoires, ils avaient sérieusement alarmé les Allemands. Nous avons vu Werder se retirer précipitamment de Dijon sur Vesoul; le 1er janvier, ses troupes sont concentrées aux environs de cette ville.

Du 1er au 4 janvier, il resserre encore ses cantonnements, reporte le gros de ses troupes entre Vesoul et Villersexel, et lance une partie de la 4e division de réserve autour d'Arcey, pour faire face aux troupes françaises débouchant de Clerval. Le 4, Werder reçoit l'ordre de prendre l'offensive pour s'éclairer sur les intentions de l'armée de l'Est, et le 5, de grand matin, il détache, à la découverte, de fortes colonnes qui se heurtent partout à des détachements français chargés, de leur côté, de tâter la position de l'ennemi. Le 6, Werder se retire devant des forces supérieures, derrière le Durgeon, sur des positions reconnues à l'avance ; le 7, il attend la bataille, mais Bourbaki ne bouge pas, malgré les dépêches pressantes de Gambetta. Le même jour, Werder reçoit les instructions définitives du grand quartier général de Versailles ; en attendant l'arrivée de Manteuffel et des 2e et 7e corps allemands, Werder restait maître des opérations entre Vesoul et Belfort : De Moltke lui recommandait de *« protéger le siège de Belfort à tout prix »*, détruire les routes qui traversent le sud des Vosges et surveiller les tentatives des Français de ce côté ; user de la dernière rigueur dans la répression individuelle et collective, s'il se produisait de la part des habitants quelque tentative de soulèvement ; ne jamais perdre le contact de Bourbaki, même en reculant de manière à reprendre l'offensive, s'il s'affaiblissait, et l'empêcher de se retourner contre les 2e et 7e corps ; détruire les voies ferrées et veiller, le cas échéant, à ce que la section Mulhouse-Bâle fût mise hors de service, de façon à en interdire le rétablissement en 15 jours.

Donc, Bourbaki a pour objet le déblocus de Belfort, tandis que Werder a pour instruction de protéger le siège à tout prix ; aussi Bourbaki donne-t-il des ordres pour faire marcher ses troupes sur Belfort, par Montbéliard et Héricourt ; Werder va s'opposer à ses desseins. Le thème de la manœuvre apparaît dès lors avec simplicité et clarté : les lignes de la Luzine barraient les routes conduisant vers Belfort, le problème à résoudre consistait donc pour chacun des généraux en présence à se saisir de cette barrière, stratégiquement très importante et tactiquement très forte.

Bourbaki, partant de Montbozon et Rougemont, Werder, partant de Vesoul et de Noroy, lequel arriverait le premier à Héricourt ?

Les trajets des deux armées adverses devaient se couper, ou tout au moins se heurter; le point d'intersection ou de contact se trouvait fatalement marqué à Villersexel, croisement des routes Vesoul-Montbéliard et Besançon-Héricourt. C'est là, en effet, que le choc eut lieu le 9 janvier.

La bataille de Villersexel ne rentre pas dans le cadre de cette étude ; disons toutefois que l'armée française fut victorieuse, bien que les Allemands aient prétendu qu'ils avaient, de leur plein gré, *« rompu le combat »* devant des forces supérieures. Cette bataille, réconfortante pour le moral de l'armée, pouvait avoir les conséquences stratégiques les plus fécondes ; elle rendait possible et même facile, l'accomplissement du but de la campagne, en nous livrant le seul chemin de Montbéliard et le meilleur chemin d'Héricourt. Elle compromettait si gravement les communications de Werder avec Belfort qu'on put les croire définitivement perdues.

Bourbaki sut-il profiter de sa victoire ? Hélas non ! puisqu'au lieu de poursuivre à fond son adversaire en déroute, il reste trois jours sans bouger; et pourtant, sur les dix divisions d'infanterie qu'il avait dans la main, trois seulement ont été engagées sérieusement; cinq, dont l'excellente réserve générale, n'ont pas paru sur le champ de bataille, et elles ont suffi à battre les Allemands! ; de plus, le 15e corps s'approche, et Cremer va arriver. Le temps perdu pour nous ne l'est pas pour les soldats de Werder ; le 10, dans la matinée, celui-ci laisse souffler son monde, puis il commence sa retraite, vers le Nord-Est, sans recevoir un seul coup de fusil dans le dos. Le 12 et le 13 sont employés fébrilement par l'ennemi pour fortifier les positions de la Luzine.

Quoiqu'il en soit, le 13 janvier 1871, l'armée de l'Est peut, malgré tout, faire un mouvement décisif. Le 15e corps a déjà en ligne plus de 20,000 hommes et près de 100 bouches à feu, le double de ce qu'il engagera le surlendemain à Montbéliard. En quelques heures, il peut faire la marche (10 à 12 kilomètres) qu'il fera seulement le surlendemain ; les 24e et 20e corps accolés sont à 12 ou 15 kilomètres de Bussurel, d'Héricourt et de Couthenans, avec de simples avant-postes ennemis sur la route. Quand au 18e corps, il reste autour de Villersexel, négligé dans cette reprise de marche.

Combats de Sainte-Marie et d'Arcey

La résistance qu'on prévoyait vers Ste-Marie et Saulnot, devait être détruite par le 24e corps (Bressoles) appuyé, à droite par le 15e, et à gauche par le 20e. C'est sur cette ligne que l'armée heurta les détachements ennemis envoyés contre elle, pour la forcer à se déployer, la fatiguer, et donner le temps de perfectionner les défenses de la Luzine. Le combat fut général, mais particulièrement vif à Sainte-Marie, Arcey et Chavanne ; nos troupes eurent facilement raison de l'ennemi. Werder avait confié le soin de nous entraver à deux colonnes : l'une, dirigée sur Sainte-Marie sous le commandement du colonel de Loos, était forte de 4000 fusils, 12 canons et environ 300 sabres ; l'autre, opérant vers Saulnot sous le colonel Nachtigal, comprenait 2000 hommes et 6 pièces.

Voici quelles avaient été les instructions de Bourbaki pour l'attaque, dans la journée du 13 :

« L'attaque commencera par Gonvillars et le bois du Mont.

« Ce mouvement sera exécuté par les deux divisions du 24e « corps, l'une entrant immédiatement en action pendant que « l'autre restera en réserve.

« Les troupes du 15e corps disponibles (division Peytavin et brigade Questel) attaqueront, en se dirigeant d'abord sur Sainte-Marie et en se gardant soigneusement du côté de Montbéliard.

« La division d'Ariès (1er du 24e corps) n'attaquera Arcey de front que lorsque les deux autres attaques seront déjà fortement dessinées.

« Le général Clinchant (20e corps) balayera Saulnot et les environs de façon à bien couvrir la gauche du général Bressolles.

« Le général Billot (18e corps) appuiera à droite si le général Clinchant est obligé de dégarnir sa gauche. »

Le Combat.

Les têtes de colonne des deux armées en présence se rencontrent entre 9 et 10 heures du matin.

A notre droite, la 1re division du 24e corps (d'Ariès) réunie à Montenois et à Onans, enlève facilement Sainte-Marie et le bois de la Côte, poursuivant très vigoureusement l'ennemi jusqu'à Saint-Julien.

A Arcey, l'ennemi prolonge sa résistance jusqu'à midi et demi; serré de près, il recule alors à Désandans.

La division d'Ariès avait été appuyée par la 3e division du 15e corps (Peytavin) qui coopéra à la prise d'Arcey avec sa 2e brigade, et à la prise de Sainte-Marie avec la 1re brigade, venue de Montenois. Le soir, toute cette division était à Sainte-Marie et à Saint-Julien.

Après une courte halte à Désandans, la colonne de Loos se réfugie derrière le Rupt, à Issans, Raynans, Semondans et Aibre, occupant la forte position du bois des Epasses et de l'Etang. Vers 3 heures, le 24e corps débouche devant cette position, que l'ennemi abandonne bientôt. A 4 h. 1/2, la colonne de Loos est à Tavey, tandis que, de notre côté, nous arrêtons notre marche, nous bornant à occuper les bois. La colonne Nachtigal fût également repoussée, et rentrait à Couthenans vers 5 heures du soir.

La division Dastugue du 15e corps était à l'extrême droite de la ligne. Quelques-unes des troupes de cette division coopérèrent à l'attaque de Ste-Marie; c'est ainsi que le 1er zouaves fut chargé d'enlever la forêt du Mont-Bart et Présentevillers. L'opération se fit sans résistance, l'ennemi se retirant sur Dung et Bart.

On bivouaqua dans le bois sans feu et sans autre eau que la neige fondue ; au jour, les habitants de Bavans apportèrent de la soupe et de l'eau-de-vie aux soldats.

Il est juste de citer, dans cet ordre d'idées, un passage de Grenest, qui est tout à l'honneur des habitants de notre région : « Nous devons dire ici que rien n'égale la cordialité, l'empressement chaleureux que mirent à secourir nos soldats perdus de froid et de misère, les braves habitants des villages qui avoisinent Montbéliard. Les villages protestants d'Issans. d'Allondans, de Dung, etc..., se signalèrent à ce sujet d'une manière admirable. Les opinions sont unanimes sur ce point parmi les survivants de ces jours d'infortune. Le 15 au matin, les habitants d'Issans se portaient au devant de nos soldats et leur distribuaient libéralement de quoi boire et manger. « Ces braves gens, raconte un officier du 1er zouaves, avaient passé la nuit à faire au four et à tuer leurs cochons, afin d'avoir du pain et de la viande à nous donner. » (*L'Armée de l'Est*, 2e volume, p. 248 et 270.)

Il faut croire que l'hospitalité offerte à nos malheureux soldats, par ailleurs, était loin d'être aussi cordiale et aussi large, puisque les survivants de ces tristes journées gardent aujourd'hui encore au cœur une gratitude émue et une vive reconnaissance, pour les soins dont ils ont été entourés par les habitants de nos villages. J'en ai pour preuve les termes d'une lettre, écrite le 19 décembre 1907 par un autre officier de zouaves, ancien combattant de 1870, à M. le Maire d'Allondans et dont voici un extrait :

« J'ai lu, par hasard, dans l'écho lointain d'un journal, que vous venez de consacrer, dans votre cimetière (1), *la mémoire de 36 Français morts en 1871, à Allondans.*

---

(1) On sait, en effet, que le 6 octobre dernier la commune d'Allondans a fait ériger dans son cimetière avec le concours de l'Etat et du Souvenir français, dont notre éminent collègue, M. Granier, est le président pour la section de Montbéliard, un monument à la mémoire de 32 braves soldats français, morts en janvier 1871 et qui y sont inhumés. La cérémonie était présidée par M. Marc Réville, député.

« Or, je commandais à titre de lieutenant la 4e compagnie du 1er bataillon du 1er de marche des zouaves qui, le 14 janvier 1871, vers le milieu du jour, vint s'établir d'Issans à Allondans. J'y reçus le plus cordial accueil dans une famille dont le fils était alors à l'armée de la Loire et domiciliée, en extrême pointe, sous le bois du Berceau et sur le chemin du Mont-Chevis. »

On verra plus loin les tentatives faites avec plus ou moins de succès, de part et d'autre, dans la journée du 14, à la fin de laquelle, dit l'auteur de la lettre précitée, « il fallut nous replier d'abord par le chemin creux de la clairière à Allondans et de là sur Issans. Mais nombre de nos zouaves séduits par votre excellente réception, ne suivirent pas le gros de la troupe. Le lendemain matin ils furent surpris par une reconnaissance prussienne. »

C'est ce même régiment de zouaves qui, en débarquant à Clerval fut dirigé sur Ornans au lieu d'Onans — on faisait la guerre sans consulter aucune carte — ce qui lui fit faire en pure perte un nombre respectable de kilomètres, dans la neige. A propos de cartes, il me revient à l'esprit une anecdote qui m'a été contée, il y a quelque temps, par M. le colonel Blazer. La voici : Chez le maire de Présentevillers, le général français avise des cartes du pays et, l'air un peu étonné de trouver des cartes dans ce village, demande au propriétaire de bien vouloir les lui céder. Le maire de Présentevillers accéda bien entendu à la demande du général, mais ne put s'empêcher de faire cette réflexion humoristique et mordante : Ah ! mon général, voilà tant d'années que vous *rouzillez* le budget sans avoir pu vous procurer de cartes, quand moi, pauvre maire de village, j'en possède depuis longtemps.

14 Janvier 1871

Cette journée fut très calme ; quelques coups de fusil seulement furent échangés entre une reconnaissance de notre 15e corps, partie justement de Présentevillers, et les avant-postes prussiens, établis le long du Rupt, à Bart et Dung.

C'était une reconnaissance du 1er régiment de marche des zouaves, et M. Ferriol, sous-intendant militaire en retraite, raconte en ces termes, dans sa lettre au maire d'Allondans de décembre dernier, les incidents de la journée :

« Attaqués presque immédiatement (après être arrivés sur le Rupt) par les Prussiens, nous les refoulâmes d'abord sur leur grand'garde du Mont-Chevis. Mais ils appelèrent leurs réserves de Dung et leur artillerie, qui, sur la grande clairière du nord nous tua, à l'extrême gauche, contre le bois de Montevillars, M. Donnat, sous-lieutenant à la 5e du 1er, et à notre droite, près du bois du Berceau (nous faisions alors feu à l'est), M. le capitaine Piquet de la 5e compagnie du 3e bataillon venu à notre secours. »

« Parmi les zouaves qui s'étaient laissés séduire par la chaleur de la réception d'Allondans et qui furent surpris au matin par les Allemands, se trouvait un sergent nommé Fournier, jeune homme qui donnait les plus belles espérances et qui fut tué d'une balle à la tête. »

Quelques heures après nous revenions, écrit M. Ferriol, à Allondans pour enlever Mont-Chevis et attaquer Montbéliard. Ce sera la journée du 15 janvier.

Profitons de ce calme momentané pour examiner les dispositions prises par Werder, pour les journées décisives qui vont suivre.

Le 14 janvier, Werder envoie au grand quartier général le télégramme désespéré suivant :

« De nouvelles forces ennemies marchent du sud et de l'ouest (de Clerval, 15e corps; de Vesoul, Cremer) contre Lure et Belfort. On a signalé des troupes nombreuses à Port-sur-Saône. Aujourd'hui sur le front, l'ennemi attaque vainement les avant-postes à Bart et à Dung. En présence des mouvements convergents de forces supérieures, je prie instamment d'examiner s'il y a lieu de continuer à tenir devant Belfort. Je crois pouvoir protéger l'Alsace, mais non en même temps Belfort, à moins de risquer l'existence même du corps. L'obligation de tenir devant Belfort m'enlève toute liberté de mouvement. La gelée permet de franchir les cours d'eau.

« De Werder. »

A ce télégramme découragé, de Moltke répondait le 15 janvier, à 3 heures du soir, par cet ordre laconique :

« Au général de Werder à Brevilliers. — Attendez l'attaque dans la forte position qui couvre Belfort et acceptez la bataille. Il est donc de la plus grande importance de rester maître de la route de Lure à Belfort; détachements d'observation seraient à désirer à Saint-Maurice. L'approche du général Manteuffel va commencer incessamment à se faire sentir. »

A LA MAIRIE

DE LA

VILLE DE MONTBÉLIARD

L'ordre suivant doit être porté à la connaissance des habitants.

Je préviens les habitants de Montbéliard, que dans le cas d'une attaque de la ville ou de l'occupation de celle-ci par les troupes françaises, la ville sera bombardée. Les habitants sont en conséquence invités à prendre les dispositions nécessaires pour se retirer dans leurs caves.

Montbéliard, le 14 Janvier 1871, 8 heures ½ du soir

Signé de ZIMMERMANN,

Colonel commandant du détachement.

Cet ordre sera immédiatement traduit en langue Française, imprimé et affiché à tous les coins de rue.

REPRODUCTION PAR LA PHOTOGRAVURE, ÉCHELLE 37/100, DU PLACARD IMPOSÉ PAR LE COMMANDANT PRUSSIEN.

Il n'y avait plus qu'à exécuter cet ordre ; mais on sait que, en prévision d'une sommation de cette nature, le champ de bataille avait reçu déjà une organisation défensive sérieuse, dans les journées précédentes.

Les localités baignées par la Luzine, avaient été barricadées et crénelées. Des batteries de position, établies par le général de Treskow, étaient très fortement protégées et armées de canons de siège de 9 à 15 centimètres ; on avait même préparé des emplacements pour les batteries mobiles. Le Mont-Vaudois recevait 7 canons, la Grange-la-Dame 5, et il y en avait 6 au château de Montbéliard.

De son côté, pour garder les 20 kilomètres de sa redoutable position, Werder disposait de 39 bataillons dont il plaça 25 en 1re ligne, conservant 14 bataillons, en deux groupes de réserve.

L'aile gauche allemande, commandée par le général de Glümer, avait six bataillons de landwehr pour défendre le front Montbéliard-Bethoncourt qui allait être assailli par le 15e corps français.

Le colonel de Zimmermann commandait les troupes dans Montbéliard. Il n'était rien moins que rassuré sur l'issue de la manœuvre du lendemain. Voici, en effet, le placard qui a été affiché en ville par son ordre, le 14 janvier, à 8 heures 1/2 du soir.

A LA MAIRIE

DE LA

VILLE DE MONTBÉLIARD

L'ordre suivant doit être porté à la connaissance des habitants :

Je préviens les habitants de Montbéliard, que dans le cas d'une attaque de la ville ou de l'occupation de celle-ci par les troupes françaises, la ville sera bombardée. Les habitants sont en conséquence invités à prendre les dispositions nécessaires pour se retirer dans leurs caves.

Montbéliard, le 14 janvier 1871, 8 h. 1/2 du soir.

Signé : DE ZIMMERMANN,

Colonel Commandant du détachement.

Cet ordre sera immédiatement traduit en langue française, imprimé et affiché à tous les coins de rue.

Il va sans dire que cette affiche avait pour but d'intimider la population et de l'empêcher de se porter au devant des Français, ou de leur procurer des renseignements sur le nombre, la nature et l'emplacement des forces allemandes, en ville et aux environs.

La position de Bussurel, objectif de notre 24e corps, était gardée par les deux bataillons (Goldap et de Dantzig).

La réserve de cette aile gauche, formée des 1er et 2e régiments d'infanterie badoise, était massée à Grand-Charmont.

Le centre allemand, sous la direction de Smelling, garnissait avec trois bataillons du 25e prussien et quatre bataillons de landwehr, les 4 kilomètres du front Saint-Valbert, le Mougnot, Héricourt, Bussurel, devant lequel devaient déboucher le 20e corps et la réserve générale.

En arrière, à Brevilliers, le général de Werder avait concentré sous sa main une réserve générale de 8 bataillons d'infanterie badoise et de 5 batteries. Le choix judicieux des deux emplacements de sa réserve permettra à Werder de porter facilement ses bataillons sur les points menacés.

La droite allemande, (von der Goltz) défendait avec 7 bataillons d'infanterie (régiments prussiens 30 et 34, et 3e badois, 1 bataillon) les 4 kilomètres Saint-Valbert, Mont-Vaudois, Luze, Chagey.

L'extrême droite, à Chenebier-Frahier, comptait 3 bataillons; ceux-ci étaient très en l'air et pouvaient être mis en péril, grâce aux approches favorables de l'attaque.

Ce dispositif, si habile qu'il fût, présentait néanmoins deux points vulnérables. D'abord cette extrême droite, ensuite les derrières de l'aile gauche à la merci d'une attaque partant de la ligne Audincourt-Abbévillers.

15 Janvier 1871

C'est à notre aile droite, 15e corps (Martineau des Chenez), c'est-à-dire en face de Montbéliard, que va se produire le plus important effort de la journée. L'ordre de mouvement pour le 15e corps peut se résumer ainsi : « Dès que le jour commencera, le 15e se dirigera sur Montbéliard, en faisant fouiller tous les bois avec le plus grand soin, s'avançant avec précaution et surveillant la route qui longe le Doubs sur son flanc droit. Il s'emparera du Bois-Bourgeois, de la ferme du Mont-Chevis et des positions environnantes de la rive droite de la Lisaine; il fera ouvrir contre la citadelle et la ville le feu de son artillerie.

Les Allemands a la Grange-la-Dame (Gravure allemande d'Emele)

Le mouvement général devait s'opérer lentement et avec ensemble, le 15e corps étant le pivot d'une vaste conversion à droite, exécutée par toute l'armée.

Pour l'exécution, l'attaque de droite est confiée à la 3e division (Peytavin) et à la cavalerie (Galand de Longuerue). Vers onze heures, cette colonne occupe Bart et Dung.

A deux heures, notre artillerie arrive et prend position sur le plateau de Sainte-Suzanne ; elle entame la lutte avec les canons du château de Montbéliard et de la Grange-la-Dame. Pendant ce temps, la 1re division (Dastugue) partie de Saint-Julien à 9 h. 1/2, enlevait Allondans et se rendait maîtresse du Bois-Bourgeois et de la ferme du Mont-Chevis ; par les soins du général de Blois, quarante pièces placées sur le Mont-Chevis engageaient une lutte inégale avec les batteries de la Grange-la-Dame.

La gravure d'Emele représente la défense des Allemands aux Grands-Jardins et à la Grange-la-Dame.

Le dessin est, comme on peut s'en assurer, de toute exactitude ; on n'y voit cependant pas les tranchées que l'ennemi y avait faites un peu en arrière.

« Elles ont subsisté encore bien des années, m'écrit M. Nardin, juqu'au moment où le génie français construisit une redoute au même endroit. » C'est la batterie du Parc.

« C'est de là que les Allemands envoyèrent sur notre maison, n° 6, place Dorian, un obus dont les éclats crevèrent le plafond de la chambre où j'entrais avec mon père. Nous vîmes la mort de près. »

Vers le soir cependant, nos tirailleurs avaient pénétré dans la ville de Montbéliard, mais l'ennemi tenait toujours le château.

La brigade Minot inclinait sur Bethoncourt et le Petit-Bethoncourt ; mais les quelques compagnies lancées sur la Luzine, étaient arrêtées par le feu d'un ennemi bien abrité. Enfin la 2e division (Rebillard) était restée en réserve et n'avait pas été mise en action.

Le Chateau et le Général de Blois

Notre succès se trouvait arrêté net par le château de Montbéliard. Lorsque les troupes en mouvement se heurtèrent à cet obstacle — inattendu, paraît-il — les chefs de l'infanterie se précipitèrent vers un officier supérieur du 15e corps, pour lui signaler la situation.

— « Comment, le château de Montbéliard est donc fortifié? C'est impossible, je suis sûr qu'il est déclassé. » Et notre colonel, démuni de toutes indications, ne peut se faire une idée de de la forteresse que grâce à une photographie que lui prête un fonctionnaire, habitant Sainte-Suzanne ou le faubourg de Besançon.

Le général de Blois dit bien que le château avait été déclassé, mais que ce déclassement, purement théorique et administratif, n'avait pas été réalisé par le démantèlement des remparts et il ajoute :

« Si nous eussions supposé que l'attaque de cette place fût entrée dans le programme de nos travaux, nous n'eussions certainement pas manqué, pendant les courts moments passés à Besançon, de réclamer les plans de la ville. Mais on ne jugea pas nécessaire de communiquer à l'artillerie le projet du général en chef, en sorte que nous arrivâmes à Montbéliard sans avoir la moindre connaissance du terrain. Le lieutenant-colonel Odier, commandant le génie, n'était pas mieux informé que nous. » Et le général conclut par cette réflexion qui pourrait servir de refrain à tous les actes de Bourbaki : « Les choses se passaient autrement au temps de nos victoires. »

Des habitants avaient bien proposé l'établissement de batteries sur les hauteurs de la Petite-Hollande, qui plonge sur le château à courte portée ; il est certain que le feu de ces batteries aurait bien gêné les Allemands du château ; il eût au moins eu pour résultat de détourner, par moments, des attaques sur Bethoncourt, l'attention des artilleurs allemands, attaques qui auraient eu peut-être un meilleur dénouement. On pouvait aussi arriver par cheminements jusqu'au pied du château, mais rien ne fut tenté pendant les trois journées.

La relation du grand état-major allemand qui a trait au combat de Montbéliard se termine, assez hypocritement, par ces mots. « A la nuit tombante, une brigade française, de la 3e division, entrait dans Montbéliard que la défense avait *volontairement* évacué. Des tirailleurs (allemands) s'embusquaient dans les bâtiments qui entourent le château et ouvraient des créneaux dans les murs. Des groupes occupaient la partie est de la ville sans tenter toutefois de déboucher au dehors. Quelques obus lancés du château empêchaient même l'ennemi de pénétrer dans le magasin des subsistances qui renfermait encore des approvisionnements, et les communications ne cessaient pas d'être possibles avec le château ; une patrouille rampante apportait, en effet, au major d'Olsewski l'ordre pour la journée du lendemain. »

Le 16, à 7 h. 1/2 du matin, un parlementaire sommait le lieutenant von Sauer, commandant du château, de capituler.

L'adjudant-major du 6e bataillon de chasseurs avait reçu du général Peytavin l'ordre de sommer l'ennemi de se rendre, s'il voulait épargner aux nombreux blessés qu'il avait dans le château, les conséquences d'un bombardement.

Les Prussiens, qui s'y voyaient parfaitement à l'abri, répondent à M. Casal qu'ils s'y défendront jusqu'à la dernière extrémité. A peine le drapeau parlementaire était-il rentré que les obus prussiens tombent dans la ville et mettent le feu à quelques maisons. Nous éteignons l'incendie, nos pièces de la Citadelle) tirent sur le château ; quelques coups, assez mal pointés, blessent même nos chasseurs à leurs barricades, puis le feu cesse et nous restons chacun dans nos positions. *(Historique du 6e bataillon de chasseurs à pied).*

Faut-il aveuglément ajouter foi au récit qui précède ? Assurément, non si l'on en juge par la note suivante qui m'a été communiquée par M. Nardin :

« Le 16 janvier au matin, le général Peytavin et un colonel (l'un ou l'autre était logé chez M. Eugène Sahler) vinrent nous prier de les laisser monter sur notre terrasse, afin de se rendre compte « si le château brûlait. » Il était bombardé par l'artillerie française de la citadelle. A peine y étions nous depuis une minute qu'une balle. tirée du château, vint briser la fenêtre d'une lucarne à côté de nous. « Filons, dit le général, ils nous ont vus. » Seul, le toit du château était endommagé et était passé *à l'état d'écumoire.*

A Bart et a Courcelles

Mais en dehors du combat principal, il y a eu des engagements partiels souvent très vifs et très meurtriers, témoin celui qui s'est déroulé au cimetière de Bart et à Courcelles. Voici comment les choses se sont passées au 32e mobiles (mobiles du Puy-de-Dôme), d'après un extrait de l'*Histoire du bataillon de Riom*, par le capitaine Bielawski :

« Le 15, à 6 heures du matin, le 32e mobiles quitte son bivouac du Mont-Bart et reçoit quelques vivres en passant à Présentevillers. Le bataillon des Clermontois est affecté à la protection de l'artillerie de réserve. On arrive à Dung et le bataillon d'Issoire se détache pour tourner la hauteur qui se trouve en avant de Montbéliard, pendant que celui de Riom continue son chemin.

« Conduit par le brave lieutenant-colonel Horeau, dit Bielawski, le bataillon de Riom se dirige alors sur Bart. Il est éclairé, dans sa marche, par les 1re et 2e compagnies (capitaines Goutenoire et Renard) déployées en tirailleurs. Le sous-lieutenant Breschard est détaché avec une section de la 1re pour attaquer l'extrême droite du village, tandis que les autres se dirigent vers le centre. L'ennemi recule et va s'abriter dans un long canal, séparant le village de Bart de celui de Courcelles, et dont l'eau est gelée.

« Les 7e et 8e compagnies restent en soutien dans Bart; le lieutenant Parry, commandant la 8e, et le sous-lieutenant Arnaud disposent alors leurs hommes dans les maisons du village, les font monter sur les toits et dans les greniers. De là, les *Lapins bleus* dirigent un feu plongeant sur les Prussiens, cachés dans le canal et leur font subir de grandes pertes...

« A environ 400 mètres de Bart se trouve le cimetière dans lequel un détachement ennemi se tient embusqué. La distance à franchir est complètement à découvert; on enfonce dans la neige jusqu'aux genoux et il faut, en outre, essuyer le feu des tirailleurs prussiens, disposés dans le canal parallèlement à la route.

« La 4e compagnie enlève le cimetière en perdant 24 hommes; un certain nombre d'Allemands sont tués sur les tombes mêmes.

« Après avoir mis en fuite une reconnaissance de 60 Prussiens, la 2e compagnie se porte à son tour vers le cimetière pour renforcer la 4e; 18 de ses hommes sont mis hors de combat. Le sous-lieutenant Gerbe est légèrement atteint à la gorge. Des munitions arrivent alors et notre feu devient plus nourri.

« Retranché dans Bart, le bataillon de Riom tient tête à un ennemi bien supérieur en nombre. Les 2e et 4e compagnies, dispersées dans le cimetière, sont à peine abritées par quelques croix et de petits sapins, car la terre est à niveau du mur, dans la partie haute.

« En face, à 500 mètres environ, une première ligne de Prussiens occupe le canal ; à 800 mètres, une deuxième ligne est protégée par le talus de la route ; enfin. à 1000 mètres au plus, de nombreux pelotons nous fusillent des hauteurs environnantes. D'autre part, du village de Courcelles arrive un feu meurtrier.

« La 3e compagnie (capitaine Grosliers), déployée devant une tuilerie, située à l'extrémité de la seule rue de Bart, répond au feu venant de Courcelles. Deux compagnies du 34e de marche s'apprêtent à tourner le canal que les Prussiens décimés quittent précipitamment. Le capitaine adjudant-major de Champrobert est cruellement blessé par une balle, au-dessus du genou gauche.

« Le capitaine Grosliers reçoit l'ordre de se porter en avant du cimetière auprès de la 6e compagnie, commandée par le lieutenant de Peyramont, qui montre du sang-froid et de l'énergie.

« Cependant la légion étrangère s'empare de Sainte-Suzanne et commence à inquiéter l'ennemi. Il est 3 heures du soir. Sans attendre l'arrivée du 34e de marche, le capitaine Grosliers s'avance auprès du lieutenant-colonel Horeau, qui est superbe de calme et d'audace, et lui propose d'enlever Courcelles, occupé par 5 à 600 Prussiens.

« Le vaillant capitaine suivi de près des sous-lieutenants de Lausanne et Croisier, du lieutenant Parry, du sous-lieutenant Arnaud et de l'adjudant Pidem, s'élance en avant, franchit l'Allan — l'auteur avait écrit le Doubs — sur un pont de bois, à peine large d'un mètre et demi, long de 100 mètres, d'une solidité douteuse, et mal étayé avec des planches pourries.

« Il passe comme un éclair, au milieu d'une grêle de projectiles, électrise les hommes, entre dans Courcelles, force la maison principale et fait mettre bas les armes à 60 Prussiens qui s'y trouvent.

« Les Allemands qui nous décimaient sans danger pour eux-mêmes, fuient de toutes parts, laissant nombre de morts et de blessés, plus 87 prisonniers...

« Bart et Courcelles sont à nous ; mais nous avons 11 tués et 65 blessés, dont 4 officiers. »

Au Mont-Chevis et a Bethoncourt

J'ai parlé plus haut de la prise de la ferme du Mont-Chevis, qui a été suivie d'une attaque malheureuse, exécutée par les zouaves sur le Petit-Bethoncourt.

Voici ce que l'on trouve dans les notes inédites du sous-lieutenant Levrey sur l'assaut de la ferme :

« Nous avons franchi au pas de course — en poussant des cris sauvages, que je n'ai jamais entendus que dans cette circonstance (ceux que l'on fait pousser aux hommes aux grandes manœuvres n'ont rien de commun avec ceux-là) — un plan incliné de 600 mètres environ, subissant un feu de mousqueterie très nourri, mais peu meurtrier. Nous n'avons perdu que quelques hommes, dont un officier.

La batterie (ennemie) a attelé rapidement et déménagé ; quant à la compagnie de soutien, elle n'a filé que quand nous avons été à quelques mètres d'elle ; mais il est resté beaucoup d'hommes sur place : alors commence une chasse à l'homme sur ceux qui fuyaient et ils le faisaient avec une vitesse que je ne soupçonnais chez ces hommes massifs. Ceux qui ont été rattrapés ont eu un sort immédiatement fixé.

Alors nous avons vu la ferme que nous avons fouillée, puis nous avons dû l'abandonner, battue qu'elle était par les obus.

Avec beaucoup de peine, les zouaves furent ramenés sous bois, après avoir perdu une soixantaine d'hommes. »

Dans ces affaires, dit M. Ferriol, outre la perte du sergent Fournier, j'ai constaté la disparition de cinq de mes hommes, savoir : les zouaves Régnier, Rigol, Swoob, Canan et Bataille.

Parmi les officiers du 1er bataillon de marche, il y avait : 1re compagnie, capitaine Bruneau, aujourd'hui général de brigade à Auch ; 2e compagnie, capitaine Halter, retraité comme général de division ; 3e compagnie, lieutenant Servières qui vient de quitter le commandement du corps d'armée d'Algérie.

Pour être juste, il faut dire que la ferme du Mont-Chevis a surtout été prise et occupée par deux compagnies de mobiles de la Nièvre; les zouaves, emportés par leur ardeur, sont mal reçus à Bethoncourt et se replient sous bois, pendant que le 2e bataillon établit son bivouac contre la ferme où s'installe le général Minot, pour passer la nuit.

La relation du grand état-major allemand donne pompeusement à cet engagement le nom de bataille ; il convient néanmoins de rendre justice à la ténacité, à l'endurance et aux efforts de nos adversaires. Voici, d'après l'ouvrage cité, la narration de ce combat :

« Vers le temps où les troupes portées en avant de Montbéliard avaient été *rappelées* en arrière — l'euphémisme est joli, n'est-il pas vrai — deux bataillons français s'étaient portés contre la ferme du Mont-Chevis. Ils en délogeaient, après une énergique résistance, le petit contingent du bataillon de Goldap...

« Enfin, un peu après 3 heures, l'infanterie prononçait son attaque en se dirigeant, tout d'abord, contre le Petif Bethoncourt.

« Le major de Normann était chargé de défendre avec le bataillon de Goldap cette partie du champ de bataille ; il avait jeté la 7e compagnie vers le Petit Bethoncourt et avec les trois autres, il avait pris position auprès de Bethoncourt, en partie, derrière le chemin de fer, en partie sur le périmètre du village. La 2e compagnie badoise de pionniers, qui se trouvait sur les lieux, était répartie aux deux ailes. La glace de la Lisaine avait été brisée; on avait fait sauter le pont de pierre de la rivière; la communication entre les deux rives n'exista't plus que par la digue de retenue (les Allemands avaient, en effet, inondé la plaine à l'aide d'un barrage fait de fumiers et de matériaux quelconques). Sur les berges rapides du versant gauche de la vallée, une seconde position défensive avait été préparée en arrière de la première au moyen de tranchées-abri.

« De la Grange-la-Dame, le général de Glümer avait remarqué de fortes colonnes ennemies en marche vers le bois Bourgeois, qui se prolonge jusqu'à petite distance de la Lisaine ; le général dirigeait alors comme renfort, vers la hauteur au sud-est de Bethoncourt, le 2e bataillon du régiment badois de corps et la 7e batterie légère badoise. L'attaque des deux bataillons français sur le Petit Bethoncourt, échoue devant le feu rapide de la 7e compagnie de Goldap, — les grosses pièces et les batteries de campagne de la Grange-la-Dame avaient largement coopéré à ce résultat. — Une partie des troupes repoussées se jette dans le cimetière, enclos de mur, situé au nord de la Lisaine, pour y chercher un abri contre la fusillade et y résister — au prix de pertes considérables, il est vrai — jusqu'au moment où le lieutenant de Berken, forçant son refuge à la tête d'hommes de la 7e compagnie, y fait prisonnier l'officier et les 60 hommes qui s'y trouvaient réunis.

« Une fois l'attaque des Français repoussée, la nuit se passait, sur ce point également, dans un calme complet. Les pionniers rompaient à nouveau la glace de la Lisaine, malgré 12 degrés de froid, et ils renforçaient les tranchées-abri par un réseau de fils de fer. »

A Bussurel

Au nord et à gauche du 15e corps, le général Bressoles dirigeait le 24e, à travers les bois de Montevillars et de Tavey.

De ses 3 divisions, la 3e seule (Carré de Busseroles) fut aux prises avec l'ennemi. Arrivée à Aibre, à neuf heures et demie, elle déploya : en première ligne, la 2e légion du Rhône, le 89e mobiles et le bataillon de la Loire ; en 2e ligne, la 1re légion du Rhône. Elle déboucha, dans l'après-midi, en avant de Vyans, soutenue par une artillerie dont le tir, trop court, était sans effet. Il eût fallu, dit l'*Historique de la 1re légion du Rhône*, dès ce même soir, faire traverser la Lisaine à tout le 24e corps, lui faire occuper les bois, en avant de Bussurel, et tourner Héricourt. Cette opération eût été facile, vers trois heures après-midi, en prononçant l'attaque à un kilomètre au sud de Bussurel. L'officier énergique et expérimenté qui a écrit ces lignes — colonel Valentin — s'en prend « aux retards impardonnables, au manque d'ensemble, de vigueur et de direction dans l'attaque ». Tout se réduisit à d'insignifiantes escarmouches, ainsi relatées par l'Historique allemand, sous le nom prétentieux de *Combat de Bussurel* :

« La défense avait évacué Bussurel, situé sur la rive droite de la rivière. Les ponts construits aux issues nord et ouest du village avaient été détruits. La 1re compagnie du bataillon de

Dantzig était en position avancée dans les bâtiments du moulin, en face de la sortie nord du village. Le capitaine Kossak garnissait la ligne du chemin de fer avec les trois autres compagnies. L'espace à défendre étant très considérable, un peloton seulement restait en réserve.

« Quatre bataillons français, mettant à profit la supériorité de leurs armes. ouvrent la fusillade à grande distance, se rapprochent graduellement de Bussurel, occupent le village, d'où ils font pleuvoir une grêle de balles sur la voie ferrée; puis se portent contre l'aile gauche et, ensuite, contre le centre de la position de défense. Dans l'une comme dans l'autre direction, ils sont repoussés avec des pertes sanglantes.

« A quatre heures du soir, une dernière attaque est tentée sur le moulin comme objectif principal. L'artillerie ennemie, déjà précédemment en batterie auprès de Vyans, l'appuie énergiquement. Mais, de sa dernière position auprès de Bethoncourt, la 1re batterie légère badoise était aussi en mesure de prendre part au combat de Bussurel. Le colonel de Sachs était arrivé de Brevilliers avec deux bataillons badois et deux batteries de la réserve principale du général Werder. Ces batteries détournent aussitôt sur elles le feu des batteries ennemies. tandis qu'elles-mêmes, au bout de quelques instants, dirigent le leur contre l'infanterie ennemie qui marchait à l'attaque, ainsi que contre les colonnes qui se montraient aux débouchés du bois, et au milieu desquelles elles semaient un grand désordre. La tentative de l'adversaire pour donner l'assaut au moulin échouait finalement devant le calme et la précision du feu de la 1re compagnie de Dantzig, chargée de sa défense sous la direction du lieutenant de Horn. »

Les engagements des 20e et 18e corps à Héricourt et à Chagey ont eu lieu en dehors des limites de la région.

Il est bon de dire pourtant, *grosso modo*, ce qui s'est passé à notre gauche, dans cette journée du 15 janvier : Le 20e corps a occupé Tavey et Byans en chassant devant lui les troupes avancées du général Smelling; mais notre artillerie, qui a entamé la lutte avec les grosses pièces du Mont-Vaudois, montre bientôt qu'elle est impuissante à les réduire.

A 3 heures, le général Clinchant fait attaquer le Mougnot qui forme position avancée par rapport à Héricourt et que les Allemands ont fortifié avec soin ; grâce à l'appui de ses batteries, l'ennemi parvient à nous repousser.

Au 18e corps, la 1re division s'empare de Couthenans vers midi ; et la 3e division, qui a chassé les Prussiens de Belverne, marche en deux colonnes sur Chagey, pendant que la 2e division (Penhoat) reste en réserve à Belverne.

Mais, comme on peut le constater, par une colossale erreur de Bourbaki et de son état-major, nos troupes de l'aile gauche, qui auraient dû tourner les positions prussiennes par leur droite, viennent donner presque en plein contre les formidables défenses du Mont-Vaudois, dont les grosses pièces les accablent de leur feu...

Vers deux heures, la brigade Goury (1re de la 3e division) se jette sur Chagey, fortifié par les Allemands. Après un combat violent, elle s'empare de quelques maisons, mais l'artillerie, qui prend nos troupes d'écharpe, les force à reculer.

A l'extrême gauche, Cremer est parti de Lure à 6 heures du matin ; au lieu de déborder, lui aussi, l'ennemi en suivant la route de Lure à Belfort par Ronchamp, il vient se jeter à Lyoffans dans les troupes du général Billot et retarder leur mouvement.

Finalement, la division Cremer occupe, le soir, une position dominante, entre Chenebier et Chagey. On peut se demander pourquoi nous n'avons jamais tenté une action de nuit; puisque toutes les attaques de jour échouaient, ne devait-on pas chercher à les renouveler dans la nuit? Presque toujours les Allemands passaient la nuit dans les cantonnements, alors que nos soldats bivouaquaient dans des conditions si misérables. Je suis convaincu qu'ils auraient mieux aimé marcher à l'ennemi que de grelotter et de s'enfumer devant un maigre feu, ou encore d'aller ramasser du bois pour entretenir ces mauvais feux; la chance nous fût peut-être venue. Il faut bien l'avouer, le général en chef de l'armée de l'Est s'en est laissé imposer; comme le dit von der Goltz, il a trop cru à la supériorité de son adversaire ; il a commis la faute impardonnable de laisser sa cavalerie dans l'inaction et de ne pas se procurer des renseignements exacts par cette voie ; il s'est laissé trop influencer par son entourage et, en particulier, par le colonel Leperche ; il prenait enfin pour vrais des renseignements erronés, fournis par l'ennemi lui-même, et qui lui faisaient croire que des renforts considérables étaient venus au secours de Werder.

Le 16 Janvier 1871.

Ce que je disais, tout à l'heure, des combats de nuit semble confirmé par le fait même, qu'il y a eu un engagement de ce genre — bien involontairement, il est vrai — près de Courchamps, où un bataillon et une batterie de la division Cremer sont venus se heurter, parce qu'ils s'étaient trompés de route, aux avant-postes ennemis; d'où une échauffourée qui a duré une heure environ, mais qui peut affirmer qu'une action de nuit, bien concertée, n'aurait pas donné de résultats heureux?

La journée du 15 s'était à peu près réduite au combat de Montbéliard; celle du 16 se réduisit au combat de Chenebier, avec, sur le reste de la Luzine, une canonnade sans but et sans résultat et des escarmouches, souvent meurtrières, mais désunies.

Devant Montbéliard et Bethoncourt, le 15e corps reste l'arme au bras. Ce n'est que vers 3 heures 1/2 que ce corps d'armée fait, avec quelques bataillons seulement, des démonstrations — vigoureuses eu égard au courage déployé par les troupes — mais infructueuses quand même, parce que le commandement n'était pas décidé à une attaque à fond. Aussi les Allemands font-ils cette constatation : « Quant à l'infanterie française, elle n'a rien tenté pour rompre les lignes allemandes de Montbéliard. »

Même attitude du 24e corps devant Bussurel. Le 24e corps, dit « l'Historique allemand », fait mine de vouloir passer la Lisaine à Bussurel, mais sans le tenter sérieusement.

Plus au nord, devant Héricourt, le 20e corps également reste inactif et la réserve générale ne brûle pas une cartouche.

Au 18e corps et à la division Cremer, les choses sont plus sérieuses. Il y a un magnifique effort qui pouvait tout sauver avec un général en chef décidé. Après la lutte opiniâtre des soldats de Billot et de Cremer, le général Degenfeld est obligé de battre en retraite et d'évacuer Chenebier, occupé aussitôt par la division Penhoat, à qui revient l'honneur de la journée.

A Bethoncourt

Le bataillon de landwehr de Goldap avait repris ses positions de la veille; le 2e bataillon du régiment badois de corps était venu renforcer la landwehr. La concentration auprès du Bois-Bourgeois de masses considérables d'infanterie ennemie, ainsi s'exprime la relation du grand état-major prusien, décelait l'intention de faire effort sur ce point. Plus tard, le général de Glümer faisait avancer encore de Grand-Charmont un bataillon badois et deux batteries.

Le récit épisodique qui va suivre, relatif à la 2e journée de Bethoncourt, est pris tout entier dans l'ouvrage de Frédéric Sassone, intitulé : *la Savoie armée pendant la guerre franco-allemande.*

C'était au bataillon, qui n'avait pas été engagé la veille, à prendre la tête de colonne. Le général Minot était au Mont-Chevis, entouré de batteries qui faisaient un feu d'enfer. Le bataillon devait se former en colonne d'attaque, à la lisière du bois ; le 12e mobiles devait occuper sa place.

Il était onze heures du matin et les vivres n'étaient pas encore arrivés. La colonne se mit en marche à travers un sentier fort étroit, et, après mille peines, se trouva formée, en face du village de Bethoncourt. L'ennemi, ne la sachant pas si près de lui, la laissa tranquille et continua de tirer, à de très rares intervalles, sur les batteries du Mont-Chevis qui, de leur côté, avaient cessé le feu.

Le général Minot avait rejoint sa division, sur ces entrefaites, et avait ainsi disposé ses troupes :

En première ligne et en tirailleurs, le 1er bataillon de Savoie, en deuxième ligne de tirailleurs, le 3e bataillon du 12e mobiles (mobiles de la Nièvre). En colonne d'attaque, le 2e bataillon du 12e mobiles à gauche, à droite le 1er bataillon du même régiment ; en réserve le 1er zouaves. Le 15e corps tout entier devait appuyer l'attaque. Sur les collines à droite, se trouvaient quelques batteries d'artillerie. Le village de Bethoncourt semblait abandonné par l'ennemi ; on n'y voyait aucun mouvement. Le général Minot précisa ses instructions au commandant de Savoie : *« Vous vous avancerez sans tirer un coup de fusil jusqu'au bord de la rivière ; vous la passerez, vous chasserez les Prussiens si vous en rencontrez ; à mesure que vous avancerez vous serez remplacé par les bataillons de la Nièvre. Vous gravirez la colline derrière le village et vous vous arrêterez pour m'attendre dans le petit bois qui la couronne. »*

Quand le clairon sonna la charge, tous nos soldats s'élancèrent en avant, Ils sortirent du bois en lignes de tirailleurs et firent 100 ou 200 mètres, sans recevoir un coup de fusil. Tout à coup, commença presque à bout portant la fusillade des Prussiens, établis dans le cimetière : 25 ou 30 hommes tombèrent ; les autres continuèrent à marcher et, dépassant le cimetière, furent atteints dans le dos. Au même instant. l'usine, le presbytère, le talus du chemin de fer et les maisons du village se couvrirent de feu ; l'artillerie prussienne qui couronnait le village écrasait les troupes de soutien, dans le bois, dont elles n'étaient pas sorties. Notre artillerie, faute de munitions de calibre, ne put tirer que deux ou trois coups de canon ; l'affaire était mal engagée, le général fit sonner la retraite. Personne ne l'entendit. Nos quatre premières compagnies marchaient toujours en avant ; mais à chaque pas le nombre de ces pauvres soldats diminuait ; la neige en était jonchée ; 25 ou 30 hommes, conduits par Cordon et Hugard, arrivèrent jusqu'au bord de la Lisaine ; un d'entre eux même s'y serait noyé si Cordon ne l'eut tiré de l'eau , en lui tendant un fusil qu'il ramassa auprès de lui. Hugard reçut trois balles en même temps ; Cordon eut les reins labourés par un projectile et, se voyant seul debout, revint en arrière sous une grêle de balles. 250 hommes environ du bataillon gisaient là dans la neige.

Tandis que les rangs de nos compagnies de Savoie étaient si cruellement fauchés par la mitraille et les balles des Badois, l'intrépide maire de Bethoncourt, M. Collin, suivait avec anxiété, du haut de sa maison, toutes les phases de la lutte, prêt à arborer sur son toit le drapeau français, au premier avantage obtenu par nos troupes.

Malgré les efforts de la Nièvre, que nous allons laisser raconter à M. Flamen d'Assigny, un second assaut dans de pareilles conditions fut regardé comme impossible : « Au moment, dit-il, où cet ouragan de fer s'abattit sur le bois, nous perdîmes de vue le village et ses assaillants au milieu de la fumée. « En avant, la Nièvre ! » cria alors le colonel de Végny. Les trois compagnies désignées sortent du bois toutes déployées ; elles n'ont pas fait 200 mètres, sous un feu violent de mousqueterie, qu'elles voient avec douleur revenir les débris du bataillon de Savoie ; l'aumônier, son manteau criblé de balles, est au milieu de ses soldats. « Qu'y a-t-il? » demanda alors le capitaine à un sergent-major de la Savoie. — La rivière est infranchissable, répond ce dernier ; nos hommes s'y noient et sont fusillés, à bout portant, par un ennemi invisible ; le commandant et presque tous les officiers sont morts. »

Les trois compagnies de la Nièvre s'abritent alors derrière un pli de terrain, et arrêtent par leur feu l'ennemi, qui sort en ce moment du cimetière et de la cure, et cherche à envelopper les derniers Savoyards encore debout. Notre intervention sauve quelques-uns de ces braves, mais leurs pertes sont énormes.

« Le lieutenant de Montrichard, détaché à la 4e, est envoyé au commandant Tiersonnier pour lui demander des instructions; ce dernier vient lui-même sous une grêle de balles. D'après ses ordres. les trois compagnies se retirent pas à pas; sur la lisière du bois, elles s'embusquent et ouvrent un feu violent sur la cure, le cimetière et les maisons de Bethoncourt; les mitrailleuses soutiennent nos efforts, malheureusement l'artillerie ennemie est supérieure, et la nôtre manque de munitions. Nos réserves, restées dans le bois, ont eu beaucoup à souffrir...

Les attaques de droite et de gauche n'ont pas été plus heureuses. Le général Minot fait sonner la retraite ; une heure après nous reprenions nos positions du matin. »

La compagnie d'éclaireurs du 1er tirailleurs algériens, commandée par le lieutenant Sémellé et le 2e bataillon du régiment, à sa suite, pénètrent dans Montbéliard et s'y maintiennent jusqu'au lendemain.

Le même régiment, appuyé des mobiles de la Charente et du 1er zouaves, cherche à enlever Bethoncourt à la baïonnette. On sait le résultat de toutes ces attaques : il y a 24 hommes hors de combat, dont un officier, le lieutenant indigène Omar Ben Mohammed,

Il court plusieurs anecdotes sur ce régiment à Montbéliard; notamment celle de ce turco qui revenait le soir avec un collier d'oreilles de Prussiens; celle-ci aussi d'un autre turco qui, à son entrée dans Montbéliard, poursuivit un petit poste allemand réfugié dans une maison de la rue des Halles ; il amena dans la rue les fuyards l'un après l'autre, et ne voulut personne pour l'aider à emmener sa prise ; il allait même, dit-on, jusqu'à mettre en joue ou à charger avec sa baïonnette toute personne qui voulait lui prêter main forte.

On a vu que les mobiles de la Charente ont également pris part à la tentative sur Bethoncourt, à 4 heures du soir. Voici le

Monument érigé au Mont-Chevis

rapport du lieutenant-colonel d'Angely sur la part prise par le 3e bataillon du 18e mobiles (Charente) : « J'arrivai en colonne, au pas gymnastique environ à 350 mètres, sans rien voir. Lorsque j'eus une soixantaine d'hommes passés de l'autre côté du fossé, un feu de deux rangs s'ouvrit sur mon malheureux bataillon, ainsi que les obus *(sic)*. Je dus immédiatement faire abriter mes soldats à droite et à gauche de la route et résister, en attendant du renfort que l'on ne m'envoya pas, malgré mes demandes réitérées. Nous n'avions plus de munitions, cependant je suis resté là jusqu'à la nuit. A ce moment, deux régiments de la 2e division du 15e corps sont venus prendre position, en arrière de moi. J'ai pu alors enlever mes blessés et une partie des tués. C'est une journée qui a coûté cher au département de la Charente. J'ai eu deux officiers tués, MM. le capitaine de Marcellus et le sous-lieutenant Chassay, d'autres officiers blessés, 19 hommes tués et 160 blessés. »

Revenons à notre bataillon de Savoie : dispersé sous une pluie de mitraille, privé de son commandant et d'une partie de ses officiers, les débris du bataillon, 150 hommes environ, furent ramenés en arrière par Cordon.

Ils se rallièrent le soir en grande partie à Issans, où les blessés arrivèrent de tous côtés... Malgré l'héroïque effort de nos compatriotes, l'ennemi n'avait subi qu'une perte de 3 hommes.

Une nuit a l'ambulance de Bethoncourt. — Catherine Saignon, Catherine et Barbe Lugbull.

Vers quatre heures de l'après-midi, les Badois étaient restés maîtres du champ de bataille. Ils s'empressèrent de sortir de leurs retranchements et d'enlever les blessés, tombés aux portes du village. Le commandant Costa de Beauregard et le capitaine Hugard furent transportés dans la même ambulance, avec d'autres blessés; une seule pièce réunit quelques-uns de ces malheureux. L'ambulance, dont il est question ici, était située au haut du village chez Mme Emonnot, née Salomé Schneider.

Le commandant Costa, moins grièvement blessé que ses compagnons d'infortune, se couche sur une poignée de paille étendue sur le plancher. Près de lui se trouve le capitaine Hugard, brisé par la douleur : les trois balles qu'il a reçues si bravement au bord de la Lisaine réclament les soins empressés des bonnes gens de la maison. Sur le second lit disponible de cette chambre, on vient de placer un jeune soldat, volontaire du 16e chasseurs. Le pauvre enfant de Paris (16 ans) faisait partie de la compagnie de chasseurs, qui flanquait notre bataillon à l'assaut du village. Cinq balles reçues près du cimetière, ne laissaient plus l'espoir de conserver cette chère existence. Au milieu de ses souffrances qui avaient amené le délire, un mot, un seul revenait sur ses lèvres : « Maman, maman », répétait-il à chaque instant...

Pour tromper sa douleur, une femme bonne, une mère sans doute, penchée sur ce lit de souffrance, tenait le pauvre enfant embrassé et le couvrait de caresses et de larmes, arrachées par la pitié.

Dans cette même chambre se trouvaïent aussi des soldats badois que les souffrances de nos blessés touchaient moins que les charmes d'une de nos garde-malades.

Catherine Saignon. — J'ai peur que ce nom soit mal orthographié, car personnne à Bethoncourt ne semble se rappeler cette personne ; Sassone s'en tient facilement aux assonances : ainsi l'*u* se transforme volontiers, pour lui, en *ou*, à l'italienne, témoin la façon dont il écrit Lugbull. Qui reconnaîtrait, sans effort, ce dernier nom dans Louboule, qui est mentionné dans la narration de l'auteur de la « Savoie armée » ?

Catherine Saignon, belle et alerte jeune fille de Bethoncourt, se multipliait pour secourir ces infortunés. Chaque fois qu'elle entrait dans la chambre, pour rendre quelque service aux blessés, nos vainqueurs, transformés en geôliers, s'empressaient autour d'elle, sans pitié pour le malheureux enfant qui râlait auprès d'eux.

L'un des Badois dit à cette jeune fille une grossièreté qui la fit pleurer ; elle ne reparut plus de la soirée.

Ce souvenir, que nous choisissons entre plusieurs autres, allait nous faire oublier deux autres jeunes filles dont le nom mérite d'être connu de notre pays.

A la ferme du Mont Chevis où nos batteries étaient établies le matin, Victoire [1] et Marthe Louboule (lisez Lugbull), enfants

---

(1) Sassonne commet une erreur de nom : c'est Catherine et Barbe Lugbull qui étaient les deux sœurs, filles du fermier du Mont-Chevis. On m'a assuré pourtant qu'il y avait dans cette ferme, à l'époque, une domestique du nom de Victoire.

de 15 et de 13 ans, montrèrent le même jour un dévouement héroïque. Sous la pluie de fer qu'envoyaient les batteries badoises, ces deux anges ne cessèrent de panser et de soigner les blessés.

Pendant toute l'action, on les vit une tasse de bouillon ou de lait à la main, aux endroits les plus périlleux, désertés par les vieux médecins. Nos blessés qui purent se traîner jusqu'au sommet de la colline se rappellent les figures souriantes et les soins de ces deux braves enfants.

Le gouvernement leur a conféré une médaille d'honneur, mais nous ne nous croyons pas quittes envers elles. Ces lignes que nous écrivons pour elles leur apprendront à toutes trois que l'on n'oublie rien en Savoie.

Le lendemain, les blessés furent entassés sur une voiture couverte de paille et dirigés sur Carlsruhe.

A Bussurel.

On a vu que là également le 24e corps n'était pas décidé à une attaque énergique, à une lutte sans merci. Et pourtant les Allemands étaient moins que rassurés ; à telle enseigne que des renforts considérables furent dirigés sur ce point.

« Le général commandant le corps d'armée (Werder), dit la relation allemande, y envoie le général Keller avec les bataillons de fusiliers des 4e et 15e régiments badois. La 5e batterie lourde, gagnant les devants, se forme à 10 h. 1/4 à la droite des batteries déjà engagées. Bientôt le feu de l'adversaire commence à baisser sensiblement. Puis l'artillerie française entame la retraite que l'infanterie ne tarde pas à suivre à son tour. A midi, les hauteurs, à l'ouest de Bussurel, n'étaient plus que faiblement garnies, mais du village, des tirailleurs ennemis continuaient à inquiéter les troupes de landwehr, postées le long de la voie. Ce feu incessant avait mis le village en flammes. »

Voici les détails que donne l'historique du 60e de marche sur cet engagement : « Deux compagnies du 60e restent à Bussurel. La lutte dans ce village ne discontinue pas. Les maisons, les granges, les croisées sont garnies de tirailleurs. Lorsque les feux deviennent trop gênants pour les Allemands, les batteries ennemies font pleuvoir sur la localité des projectiles incendiaires, qui, dans les journées des 16, 17 et 18 janvier, en détruisent les deux tiers et nous font éprouver de grandes pertes. »

Je m'en voudrais de ne pas citer le 21e bataillon de chasseurs de marche, qui comptait à la même division que le 60e (Comagny), 2e du 24e corps —. Le 21e bataillon de marche a été formé à Lyon le 25 décembre 1870. Constitué définitivement à Besançon, le 31 décembre, il a pour chef le commandant Hermieu et pour adjudant-major le capitaine de Metz.

Le 13 janvier, les deux premières compagnies (Grassin et Boulet), détachées à la 3e division, et commandées par le capitaine Grassin, prennent part à l'attaque de Villers-sous-Saulnot et de Chavannes. Elles font des pertes sensibles. Le 15, le bataillon vient bivouaquer à Vyans, vers huit heures du soir. Le 16, à Vyans, combats d'avant-postes, dit l'historique. Le lieutenant Dubesch, ainsi qu'un sergent, sont grièvement blessés par un éclat d'obus. Deux chasseurs sont blessés sur un autre point.

La nuit du 16 devait être troublée par maintes alertes, sans que celles-ci fussent suivies d'une action énergique. Une rencontre se produisait après 7 heures, lors du relèvement des avant-postes, devant Bethoncourt. D'après le grand état-major prussien, les Français fusillaient vigoureusement le village « et le feu, qui ne tardait pas à prendre un grand développement, ne cessait que beaucoup plus tard. Le 1er bataillon du régiment badois des grenadiers du corps, accouru de Châtenois, était conservé à toute éventualité, à proximité de Bethoncourt. La défense de son côté inquiétait les contingents ennemis restés dans Bussurel. »

Malgré tout, les Allemands n'étaient pas à leur aise, dans la soirée du 16; ce qui le prouve, c'est la demande de secours faite par le général en chef à Desbchitz et à Treskow.

L'alerte de nuit de Bethoncourt est rapportée comme suit dans l'historique du 63e de marche : « A 6 h. 1/2, une petite colonne prussienne, dans le but sans doute de reconnaître si la forêt était occupée, s'avança sur notre front et notre flanc gauche ; mais nous étions sur nos gardes et elle fut reçue à coups de fusil ; elle n'opposa du reste aucune résistance sérieuse. Nous eûmes deux hommes blessés. »

Le 17 Janvier 1871.

Si l'escarmouche dont il vient d'être question a été peu importante, il n'en fut pas de même de la surprise, tentée par le général Keller, contre nos troupes de l'extrême gauche. On sait que Degenfeld, battu la veille, était aux abois. Werder se résolut alors à jeter dans la trouée béante ses dernières réserves et ses dernières ressources. Le général Keller est venu prendre le commandement des troupes de l'aile droite allemande, avec les renforts qu'il a amenés. Entre quatre et cinq heures du matin, il surprend nos mobiles de grand'garde, en avant de Chenebier, et s'avance sur le village, où il cherche à pénétrer. Mais l'ennemi va trouver devant lui la division Penhoat qui le recevra de la bonne façon, et tous les efforts des Allemands, renouvelés jusqu'à midi, demeureront infructueux. Alors, au lieu de poursuivre nos succès, on reste sur la défensive, plutôt que de prendre une offensive hardie. Nous verrons tout à l'heure comment l'attaque, commandée pourtant sur notre gauche pour deux heures, fut contremandée : c'était le prélude de la retraite.

Sur les autres points de la ligne, la lutte a été insignifiante ; on n'a rien fait, sauf une attaque sans résultat de quelques bataillons contre Bethoncourt, et l'éternelle canonnade, sans succès, des positions prussiennes.

L'incendie éclatait comme la veille à Bussurel, d'où des tirailleurs harcelaient les défenseurs badois du chemin de fer.

A Montbéliard, les grosses pièces de la Grange-la-Dame et du château envoyaient des obus dans la ville, jusqu'au moment où une députation se présentait pour demander qu'on l'épargnât, en affirmant au commandant allemand que les troupes françaises l'avaient entièrement évacuée.

Un bataillon de landwehr vint alors occuper la gare et rouvrir les communications avec le château. A trois heures du soir, des patrouilles sorties du château, trouvaient encore nos soldats en possession de la partie ouest de Montbéliard.

Dès l'aube, les batteries du Mont-Chevis avaient engagé le combat d'artillerie ; mais à dix heures du matin, notre infanterie se montra à la lisière du bois et sur les hauteurs.

« Des coups de fusil sont échangés entre le Bois-Bourgeois et

Bethoncourt. Vers midi, la canonnade devient plus intense, puis des masses considérables d'infanterie du 15e corps, évaluées à environ 10 bataillons — c'est l'historique des Allemands qui le dit — se déploient du Bois-Bourgeois et de la ferme du Mont-Chevis, en face de la Grange-la-Dame et de Montbéliard. Les lignes de tirailleurs qui les précédaient entament le feu, à très grande portée, et cherchent ensuite à gagner du terrain.... « Comme l'effort de l'assaillant prenait une direction oblique par rapport au front allemand, l'aile gauche française ne tardait pas à se voir en prise à un feu de flanc des batteries en position sur la hauteur de la Grange-la-Dame, où se trouvait aussi la 1re batterie badoise, rapprochée de la réserve. Ce feu suffisait pour arrêter le mouvement d'ensemble ; des tirailleurs isolés descendaient, seuls, jusqu'au fond de la vallée de la Lisaine. L'aile droite venait jusqu'à hauteur de la citadelle ; quelques détachements poussaient jusqu'à Montbéliard où ils se heurtaient au bataillon d'Insterbourg ; à deux heures du soir, le mouvement offensif avait pris fin. »

En réalité, l'attaque n'eut lieu qu'avec trois bataillons en tout, le 5e bataillon de chasseurs et deux bataillons du régiment étranger. Il semble juste de mettre les historiques de ces deux corps en regard de la relation du grand état-major prussien.

5e *Bataillon de chasseurs*. — A midi, les balles sifflent et les cris de : « A nous, l'infanterie ! » se font entendre. Ce sont les appels de détresse de nos artilleurs, décimés par les obus de l'ennemi et que son infanterie fait mine d'attaquer.

Ce qui va suivre, si l'on considère par quelle misère nos braves troupes avaient passé pour arriver jusque-là, est vraiment admirable.

En entendant les cris des artilleurs, le capitaine Gérard, qui commande le bataillon, se met à sa tête : « En avant, s'écrie-t-il, à la baïonnette ». Aussitôt le bataillon s'élance au devant de l'infanterie ennemie, au pas de course. En un clin d'œil, les chasseurs parcourent près de 800 mètres. Les officiers les animent de la voix et du geste. Nul ne reste en arrière. L'ennemi disparaît.

« Pour arriver à lui, il faut descendre une hauteur à pic de 40 mètres, traverser une vallée pour gravir une nouvelle éminence derrière laquelle est un ruisseau qu'il faut franchir. Vingt pièces ennemies vomissent la mitraille et sèment partout la mort. Plus de 200 coups sont tirés en moins d'une demi-heure, sur moins de 500 hommes. Rien ne les arrête.

« Malgré les efforts du capitaine Gérard, qui voit que cette attaque de front de l'artillerie ennemie est insensée, les chasseurs se laissent glisser dans la neige, au bas de la colline, pour remonter celle qui se présente devant eux, et de là ils fusillent l'artillerie ennemie.

« Mais la lutte est impossible ; il faut battre en retraite, pendant que les boîtes à mitraille achèvent leur œuvre de destruction. Soixante chasseurs dont deux officiers restent sur le terrain. »

L'artillerie française, un instant compromise, peut se remettre en batterie et continuer son feu jusqu'à la fin de la journée.

Régiment étranger. — Ce régiment a bivouaqué dans les bois d'Allondans (sans doute au Berceau) en avant du Mont-Chevis.

« Le feu de l'artillerie ennemie, dit l'historique, fut aussi vif que le 16 pendant toute la matinée.

« Vers midi, une compagnie prussienne vint à traverser les bois, pour attaquer notre artillerie. Je fis porter aussitôt les 2e et 3e bataillons en avant. L'ennemi fut repoussé ; mais l'idée vint malheureusement aux officiers d'essayer d'enlever la Grange-la-Dame. « Nul ne savait qu'un large cours d'eau en défendait les approches. » En arrivant près de ce cours d'eau, nos vaillants soldats durent renoncer à l'attaque de la batterie.

« Ils n'avaient perdu presque personne des leurs en se portant en avant, les tirailleurs prussiens n'ayant pas répondu à leur feu, et les obus les ayant à peine atteints. Mais il n'en fut pas de même lors de leur retour au point de départ. L'artillerie ennemie fit feu avec une précision inattendue : plusieurs soldats et quelques sous-officiers tombèrent. » (Colonel Galland).

J'ai dit plus haut que Bourbaki avait décidé qu'une attaque des corps de Billot et de Cremer se ferait sur Chagey, à deux heures, pour achever la déroute de Keller et de Degenfeld. On se demande par quelle aberration il n'a pas mis ce dessein à exécution.

Un peu avant l'heure fixée pour l'attaque, il vient sur le front des troupes et un conseil de guerre est tenu. Voici le récit fait à ce sujet par le général Billot, devant le conseil d'enquête :

« J'insistai pour continuer le mouvement. Je lui disais : « Je ne réponds pas de la prise du Vaudois, car c'est une position formidable ; mais nous pouvons faire une chose : masquer notre mouvement et infléchir, à gauche, vers la trouée de Belfort. » Le général Bourbaki me prit à part et me dit à peu près ces paroles : « Les Prussiens sont à Gray et ils marchent sur Dôle. Si j'étais sûr du succès, j'attaquerais Werder, mais, si j'échouais, nous serions pris ; les troupes seraient démoralisées et auraient derrière elles les troupes de Manteuffel. »

C'est alors que le commandant d'artillerie Brugère intervint, insistant beaucoup pour que l'on attaquât. Le général en chef lui dit à peu près ceci : « Vous êtes un fou ; à votre âge, j'aurais peut-être pensé comme vous ; mais, je suis général en chef, j'ai la responsabilité. » Au bout d'un instant, il ajouta : « Commandant, les généraux devraient avoir votre âge. »

L'attaque de Chagey fut donc contremandée. Bourbaki quitta le général Billot, après avoir annoncé la retraite. Il rencontra Pallu de la Barrière qui lui promettait le succès [1] et lui demandait l'autorisation de marcher ; même attitude... La journée était finie, la campagne terminée !

Le 18 Janvier

Le 18 janvier commence la retraite de l'armée française sur Besançon, à la stupéfaction, combien heureuse, de Werder, et à l'étonnement profond de nos généraux ; témoin cet écrit du général de Blois, commandant de l'artillerie : « Cette marche rétrograde, inopinément ordonnée au moment où rien de tout

(1) *Déposition de l'amiral Pallu de la Barrière devant la Commission d'enquête.* — J'avais sous mes ordres une infanterie intacte, pleine d'ardeur. Il me semblait que nous n'avions pas épuisé toutes nos chances, que la retraite engendrerait des désastres, et qu'enfin nous étions en face d'une obligation suprême, qu'il fallait vaincre ou périr devant le Mont-Vaudois.

Je soumis respectueusement, par écrit, ces réflexions au général en chef ; je lui proposai d'ouvrir pendant la nuit, à travers bois, avec un demi-régiment, le chemin qui conduisait à un plateau circulaire, qui dominait les batteries du Mont-Vaudois. Je lui exprimai la confiance que je réduirais les batteries ennemies ; qu'alors, en lançant l'infanterie de la réserve, tout céderait sous le choc...

C'est M. Leperche qui répondit laconiquement : « Les ordres sont donnés ; Ce parti une fois pris il est préférable de ne pas en différer l'exécution. »

Bivuak in Brévillers, Quartier des Generals v. Werder während der Kämpfe bei Montbéliard. Nach einer Zeichnung von W. Emele.

BIVOUAC DE BREVILLERS. — QUARTIER DU GÉNÉRAL DE VERDER, PENDANT LA BATAILLE DE MONTBÉLIARD

D'après un dessin de W. Emele.

ce qui venait de se passer, sous nos yeux, ne nous en faisait sentir la raison, nous causa la plus grande surprise, et nous dûmes quitter nos positions comme des fugitifs, sans avoir éprouvé des revers. »

Blotti derrière la Luzine, Werder se tient, presque toute la journée du 18, sur la défensive, et quelques bataillons d'arrière-garde suffisent à contenir les rares offensives des Allemands.

Au Mont-Chevis, le 15e corps laisse quelques compagnies vers la citadelle de Montbéliard; le 18, elles travaillent à la construction de tranchées et d'abatis près de la ferme; ces compagnies reçoivent rudement les Allemands qui cherchent à nous tâter. Un détachement du régiment étranger, en particulier, fit preuve de grande solidité. Voici l'épisode, d'après l'historique de ce régiment : « Le 19 janvier, vers cinq heures du matin, le régiment qui a reçu l'ordre de se diriger sur Dung, quitte la ferme du Mont-Chevis, quand il se voit attaqué par 150 ou 200 Prussiens. Quand le premier coup de feu arrive sur la ferme, les 1er et 2e bataillons en étaient déjà éloignés de plus de 500 mètres, mais les officiers comptables et le docteur du régiment s'y trouvaient encore.

« Lorsque ces messieurs s'empressaient de partir, un coup de feu vint blesser mortellement M. le capitaine Tricot, officier distingué et recommandable sous tous les rapports. » Le capitaine Tricot faisait fonction d'officier payeur et détenait les fonds restant en caisse.

« Cette attaque nous enleva la compagnie de grand'garde, la 7e du 5e (capitaine Kermaquer), qui tomba tout entière aux mains de l'ennemi. »

Le même fait est relaté dans l'*Almanach de la Tante-Arie* de 1883, et suivie des détails ci-après, concernant Bethoncourt, jusqu'à la fin des hostilités.

« Le village était dans un état impossible à décrire ; ceux qui ne l'ont pas vu ne peuvent s'en faire une idée ; les prés étaient couverts de morts et de débris de toutes sortes, et les traces de la lutte se faisaient voir partout. Cependant, chose assez étonnante, aucune maison n'avait été touchée par les obus.

« La commune eut ensuite à subir une contribution de 25 fr. par tête, 19,500 francs au total. Mais elle ne put payer, malgré les menaces de l'ennemi, que 6,138 francs. La paix ayant été signée le 3 mars, le reste ne fut point versé.

« En mai 1871, un officier allemand, se promenant à cheval dans les champs de Bethoncourt, prétendit qu'une balle avait sifflé à ses oreilles. Pour ce fait, la commune dut subir une garnison de 250 hommes pendant dix jours. La commune eut encore à loger des troupes de passage en juin et en juillet, époque où le pays de Montbéliard fut complétement évacué. »

Sur le plateau de Blamont.

Nous savons que le 11 janvier, les troupes placées sous le commandement du colonel Bourras et du lieutenant-colonel de Vezet, devaient être prêtes à prendre, le 12, une offensive vigoureuse; nous avons vu aussi quelles étaient les positions respectives de ces corps; Bourras sur le plateau d'Abbévillers et les localités voisines, le 54e mobile, les zouaves et les douaniers tout autour de Blamont. L'ennemi formait un vaste demi-cercle, défendu par des batteries de position. Sa gauche, opposée au corps franc des Vosges, s'appuyait, à Croix, à la frontière suisse; le 84e et la landwehr, protégés par une grande batterie, étaient chargés de défendre ce passage important. Il y avait encore des Allemands à Montbouton, Vandoncourt, Dasle et Beaucourt, enfin à Taillecourt et à Exincourt où s'appuyait leur droite; cette droite était défendue en outre par une grande batterie, qui commandait la route de Blamont par Bondeval et Audincourt.

C'étaient là les emplacements où s'étaient établis les soldats de Debschitz; mais, bien avant déjà, le général de Treskow avait mis certaines positions en état de défense et les avait munies d'artillerie; c'est ainsi qu'il y avait auprès de Vieux-Charmont, d'après l'historique allemand, — mais à La Chaux vraisemblablement — 2 canons de 9 centimètres; auprès d'Allanjoie, sans doute sur le plateau de Brognard, 2 canons de 9 aussi; au nord-est de Grandvillars et à Delle 2 canons de 12.

Le 12 janvier, le colonel de Vezet était prévenu, par dépêche, d'avoir à attendre de nouveaux ordres pour attaquer. L'ordre arrivait dans la journée et prescrivait une action combinée des corps de Bourras et de Vezet, avec mission de couper la route de Montbéliard à Delle.

A Abbévillers.

Le 13 au matin, lit-on dans l'historique des mobiles du Doubs, sur la demande du colonel Bourras, le chef du 54e provisoire envoya son 3e bataillon à Abbévillers, avec deux obusiers de montagne et la compagnie Viette, des mobilisés, pour soutenir le corps franc des Vosges dans l'attaque sur Croix. Le commandant du 3e bataillon, M. Durieux, attaqua en effet vivement Croix, dans l'après-midi; il brûla toutes ses gargousses et une grande partie de ses cartouches et rendit Croix intenable à l'ennemi; à dix heures du soir, il rentra à Blamont.

Le même jour, le lieutenant-colonel de Vezet formait avec un bataillon et demi de son régiment et une partie des zouaves Lavallière, une colonne d'attaque pour enlever les bois de la Charbonnière et de Dasle, situés entre Taillecourt et Vandoncourt. Ce mouvement était appuyé par quatre obusiers de montagne, deux avec la colonne d'attaque, commandée par M. de Grammont, chef du 2e bataillon; les deux autres avec la petite réserve, placée au-dessus de Seloncourt et dirigée par le lieutenant-colonel en personne. Le commandant Cuvier, des mobilisés, était à Bondeval avec son bataillon, en dernière réserve.

Le 2e bataillon des mobiles du Doubs s'avança rapidement en ligne de tirailleurs très serrée, sur la pointe du bois de la Charbonnière. L'ennemi aperçut ce mouvement, sortit du bois en colonne et se dirigea par un petit ravin sur Seloncourt, dans l'espoir de couper le 2e bataillon de Bondeval. Mais cette manœuvre ne réussit pas, et ce mouvement tournant fut un mouvement tourné : le 2e bataillon, faisant une grande conversion à gauche, au pas de course, ouvrit son feu à 100 mètres. En même temps, le lieutenant-colonel de Vezet fit prendre le pas de charge à sa réserve, en l'appuyant d'un feu à volonté de ses petits obusiers. Le chef de la colonne allemande fut immédiatement blessé et achevé d'un coup de revolver par un cavalier nègre, au service du lieutenant-colonel de Vezet.

Les Prussiens se débandèrent alors et s'enfuirent dans la direction d'Audincourt, en abandonnant leurs sacs et leurs fusils. Mal leur en prit; car le capitaine Leclerc, laissé sur la rive gauche du Doubs, en attendant l'arrivée du bataillon des Vosges, avait très bien disposé ses deux compagnies dans Audincourt, et les fuyards furent reçus par des feux commandés avec précision par les lieutenants Bondet et Arnal; ils continuèrent alors leur course du côté des batteries d'Exincourt et le 54e resta maître de la position.

La section d'obusiers de montagne, mise sous les ordres du commandant de Grammont, avait, pendant ce combat, démoli les murs du cimetière de Vandoncourt et tenu en respect l'ennemi, qui occcupait les vergers au-dessus de ce village.

A quatre heures, déconcerté de ne pas entendre le canon de la grande armée du côté de Montbéliard, le lieutenant-colonel de Vezet fit sonner le rassemblement et revint au petit pas sur Bondeval, avec le 2e bataillon du 54e. L'ennemi, voyant ce mouvement, établit à 3500 mètres, au-dessus et à droite de Vandoncourt, une batterie qui couvrit les mobiles d'obus; le régiment des mobiles s'en alla se reposer dans ses cantonnements.

Nos pertes furent sensibles : un sous-lieutenant de mobilisés, M. Péronne fut gravement blessé à Croix et nous perdîmes environ 30 hommes, tous grièvement atteints par la fusillade, ouverte à courte distance; il y eut 8 tués; on ramena enfin quelques prisonniers du 30e de landwehr à Blamont.

Cet engagement, tout à l'avantage de la mobile du Doubs, était prématuré; il fallait attendre que toute l'armée de Bourbaki fût entrée en ligne, et encore est-il douteux qu'on eût pu réussir avec si peu de monde. Le résultat le plus clair fut de mettre l'armée allemande en garde contre les attaques qui pourraient être tentées sur son extrême flanc gauche.

Le 14 Janvier, un détachement du même régiment, commandé par M. Zaremba, officier très énergique, chassa d'Audincourt un poste ennemi qui y était venu pendant la nuit.

Le 15, jour de la bataille de Montbéliard, le lieutenant-colonel Bousson, qui occupait avec un régiment mixte la rive gauche du Doubs, Voujaucourt, Belchamp, Audincourt, Valentigney et Pont-de-Roide, vint rejoindre, à Bondeval, le lieutenant-colonel de Vezet, avec le bataillon de mobiles des Hautes-Alpes. Ces deux officiers formèrent leur colonne d'attaque et résolurent de renouveler l'attaque du 13; c'était le moment d'agir, car la canonnade sur Sainte-Suzanne et Montbéliard ne discontinuait pas; mais il fallut se rendre à l'évidence : l'ennemi, appuyé au bois de la Charbonnière était prêt à répondre et, soutenu par une artillerie nombreuse, attendait de pied ferme. Les tirailleurs, lancés par le colonel de Vezet, furent reçus par une grêle d'obus ; il fallut donc se borner à des démonstrations capables d'immobiliser les troupes de Debschitz. J'ajoute qu'on n'y parvint même pas, puisque, dans les journées qui vont suivre, Debschitz a pu se dégarnir de deux bataillons entiers, qu'il mettait à la disposition de Werder.

Voici d'ailleurs comment le grand état-major apprécie les faits : « Sur le front du détachement Debschitz — auprès de Croix et d'Audincourt — il ne se produisait que des escarmouches sans importance. »

C'est faire tout de même trop bon marché des efforts des deux adversaires en présence ; il est vrai que, le 15, les Allemands n'avaient perdu qu'une dizaine d'hommes.

Le 16 janvier, le colonel Bourras avait reçu de Bourbaki une dépêche lui enjoignant de « se réunir à M. de Vezet, d'attaquer à outrance, de tourner Montbéliard, par Sochaux et Exincourt tandis que le colonel Bousson agirait par Valentigney et Audincourt. »

Ce fut encore une journée d'escarmouches, sans action suivie et coordonnée, sur la ligne Dasle-Vandoncourt, comme on va le voir.

A Vandoncourt.

La compagnie Grillet (5e du corps de Bourras) soutient une vive fusillade en allant reconnaître Vandoncourt ; elle rentre à Abbévillers avec six blessés. L'épisode suivant a failli prendre une certaine importance.

Dans la matinée, quelques bons tireurs avaient demandé la permission d'user leurs cartouches contre des groupes ennemis, qui se montraient à un millier de mètres.

La permission leur ayant été accordée, ils en avaient profité pour démonter un cavalier en sentinelle ; et cette escarmouche semblait terminée, quand un Polonais de la 6e compagnie, nommé Brozowski, sortit en rampant et, s'approchant du poste ennemi, par bonds et en poussant des cris sauvages, se mit à tirer d'une façon probablement fort gênante, car le poste sortit rapidement et allait s'emparer de notre homme, quand les francs-tireurs qui regardaient la scène des premières maisons d'Abbévillers, s'avancèrent précipitamment, engagèrent le feu et repoussèrent le poste, dont la maison fut brûlée.

Le capitaine Pistor, à la tête d'une vingtaine d'hommes, arriva jusqu'aux premières maisons de Croix, qui furent même un instant abandonnées par l'ennemi. La nuit venant, et la fusillade redoublant, on fut obligé de faire sortir quatre ou cinq compagnies, qui rallièrent facilement les gens en avant, non sans avoir eu, à cause de l'obscurité, quelques hommes blessés.

Le même jour, le 3e bataillon du 54e de ligne délogea de nouveau les Allemands d'Audincourt (rive droite) et attaqua la position de Taillecourt ; mais il ne put avancer, arrêté par la grande batterie d'Exincourt. Le 2e bataillon, appuyé par le 1er, refoula, après une vive fusillade, les Prussiens dans le bois de Dasle ; ce bataillon rentra à Bondeval, à nuit close, sans être inquiété. Le 3e bataillon garda sa position d'Audincourt, en correspondant par tirailleurs avec les avant-postes du 15e corps, jusque sur les hauteurs d'Arbouhans ; quelques turcos et plusieurs soldats du 46e de ligne restèrent même avec le 54e mobiles ; lors de la retraite de l'armée de l'Est, ils furent mis en subsistance au 3e bataillon.

Le 17 janvier, les troupes restent en présence sans combattre ; le soir de ce jour-là, le lieutenant-colonel de Vezet reçut l'ordre du colonel de Bizot de continuer à tenir à Blamont et d'immobiliser le plus possible les corps de l'adversaire. A cet effet, le colonel des mobiles prescrit au commandant du 3e bataillon, à Audincourt, qui a poussé des tirailleurs vers Arbouhans et Taillecourt, de se replier le lendemain, 18, sur Bondeval et d'y relever les compagnies du 2e bataillon.

Le 18, le général de Debschitz, en apprenant la retraite de l'armée de l'Est, veut passer à l'offensive et met en marche deux colonnes ; l'une sur Bondeval, l'autre sur Abbévillers ; il ne s'attend pas à une résistance aussi vigoureuse et fera des pertes sensibles.

L'attaque contre les mobiles du Doubs est dirigée, simultanément, d'Exincourt sur Audincourt, de Dasle sur Bondeval, et de Vandoncourt sur Hérimoncourt, de manière à rejeter nos détachements sur le Doubs ; le mouvement, exécuté par 2500 hommes et 10 bouches à feu, nous refoule sur Valentigney dont le pont est détruit. Nous reculons jusqu'à Thulay et l'ennemi prend possession de Roches, qu'il évacue d'ailleurs, dès le lendemain, pour regagner sa ligne Exincourt-Croix où il se trouve plus en sûreté.

Voici le récit d'un épisode de ce combat du 11, par M. Ch.-A. Peugeot :

« A 11 h. 1/2, pendant notre dîner, commença une très vive fusillade et des coups de canon ; c'est le poste derrière chez Constant (1) qu'on attaque ; nous nous réfugions tous dans la cave nous entendons les obus éclater autour de la maison ; un éclat entre dans la maison, on entend les arbres du jardin se briser ; je vois un obus éclater contre la baraque des chiens, on en voit un autre près du hangar en bois ; dans la grande maison, même frayeur. Ils se réfugient tous dans leur cave, un des chevaux de Victor est blessé dans l'écurie ; chez Constant un éclat d'obus passe dans le toit. Les mobiles, s'étant retirés au bout d'une demi-heure, ont laissé sur place trois morts. Les Prussiens, voyant le poste dégagé, se rendent au galop sur la route de Valentigney, et avec deux pièces placées au pont de Gland, et deux au-dessus des Roches, bombardent ce village. Le poste répond par des décharges multipliées ; la maison de Bugnon est presque détruite, beaucoup d'autres ont souffert ; le feu n'a cessé qu'à la nuit ; à Bondeval, le combat a dû être aussi très vif ; le village, bombardé par deux pièces placées vis-à-vis de Valentigney, et deux autres près de Seloncourt, avait aussi des mobiles ; le feu a pris à la maison, je crois, du maire, et doit avoir duré toute la nuit, car le lendemain, 7 heures, de la fumée s'élevait très haut. Le 2e bataillon de mobiles du Doubs, qui se battait à Bondeval, se voyant tourné par des Prussiens venant de Thulay, a manqué d'être pris ; la compagnie d'Albert Duvernoy a pu, en grande partie, s'échapper. Victor Sircoulon l'a conduite par un sentier à Mandeure, où elle a été bien accueillie. »

Troisième rencontre a Abbévillers.

Vers la frontière suisse, Bourras est attaqué par 1200 hommes d'infanterie, appuyés par quatre pièces. Quatre des compagnies détachées à Hérimoncourt viennent d'en être repoussées par l'ennemi. Bourras résiste vigoureusement avec les 1er,

(1) M. Constant Peugeot, frère de Charles, habitait sur la rive gauche du Doubs, près du pont.

3e, 14e et 15e compagnies (capitaines de Perpignan, Godard, Hoffbourg et Cottin), bientôt soutenues par les 5e, 6e et 16e, venant de Meslières par les Fourneaux. Le colonel ordonne alors une contre-attaque. Les Prussiens cèdent devant la charge furieuse des francs-tireurs, évacuent Abbévillers en flammes, et une vive fusillade s'échange par dessus les maisons des deux hauteurs opposées. A la nuit, on revient sur Glay, sans être inquiété. Ceci est en contradiction avec l'historique allemand qui prétend que le soir de ce jour les Allemands occupaient Meslières et Glay. Comme toujours, cela va de soi, ils se déclarent vainqueurs; je n'ose pas affirmer pourtant qu'ils aient tout à fait altéré la vérité, à cette occasion.

Les détails ci-après, puisés dans les rapports des colonels Bourras et de Vezet, vont me permettre de relater les incidents de cette journée.

Le 18, au matin, lit-on dans l'historique du 54e provisoire, le 3e bataillon revenait sur Bondeval.

Dans l'après-midi, le lieutenant-colonel de Vezet était à Blamont; assez inquiet d'une vive canonnade sur Abbévillers, qui était en flammes ; il envoya une compagnie du 2e bataillon à Glay pour soutenir le colonel Bourras, qui semblait plier de ce côté.

Presque en même temps, il fut averti que Bondeval était attaqué par trois colonnes ennemies; alors il fit prendre les armes à trois compagnies de mobiles, atteler quatre obusiers de montagne et en confia le commandement au chef du 1er bataillon, en lui donnant l'ordre de se porter rapidement au secours de Bondeval. Le commandant du 2e bataillon dut rester à Blamont avec quatre compagnies du 54e, deux obusiers et les mobilisés.

Le lieutenant-colonel partit au galop, suivi d'un seul cavalier, pour prendre le commandement des troupes attaquées à Bondeval. Arrivé à la ferme du Haut-des-Bois, où une compagnie du 2e bataillon était déjà sous les armes, il vit une ligne de tirailleurs qui se dirigeait rapidement vers lui, venant de Thulay. Ce ne pouvait être l'ennemi, puisque Thulay était gardé par trois compagnies de mobilisés et qu'on n'entendait pas même un coup de fusil de ce côté. Son cavalier d'ordonnance, lui certifiant que c'étaient les Prussiens, il fit déployer la compagnie de la ferme du Haut-des-Bois, le long de la route de Bondeval à Blamont et reconnut son erreur en recevant une décharge à 200 mètres ; l'ennemi venait de faire irruption sur le plateau de Blamont, pour couper la ligne de retraite des compagnies qui défendaient Bondeval avec succès.

Le colonel rejoignit alors la petite colonne du commandant Jacquart, ébranlée par une panique semée par les mobilisés en fuite, qui criaient que 6000 Prussiens étaient déjà à Roches. On ne put arrêter cette troupe affolée; ce fut même avec peine que le commandant Jacquart, les capitaines Bruland, Boyer et Chalon, du 54e purent maintenir une partie de leurs hommes, engager le feu et résister, tant bien que mal, à la marche de l'ennemi qui occupait déjà Roches et lançait une grêle d'obus sur les fuyards.

Après s'être assuré qu'une poignée d'hommes courageux défendait la route de Bondeval à Blamont, en face de Roches, et en avoir laissé le commandement au chef du 1er bataillon, le lieutenant-colonel alla à Blamont où, à cause d'un vent très fort, on ignorait absolument ce qui se passait à quelques centaines de mètres plus loin. Il y organisa une résistance sérieuse, avec sa batterie de montagne, le reste du 2e bataillon et le demi-bataillon des mobilisés ; car, d'un moment à l'autre, l'ennemi pouvait percer les quelques tirailleurs qui se battaient résolument entre Roches et Blamont.

Il s'était passé ceci : le colonel Bourras avait été, on l'a vu, obligé de se retirer sur Glay ; alors l'ennemi était descendu à Hérimoncourt et en avait délogé, presque sans coup férir, une compagnie de francs-tireurs Bourras, occupés à boire. Puis les Allemands s'étaient engagés sur la route de Thulay ; ce village était gardé par trois compagnies de mobilisés qu'on croyait bonnes ; mais, à la vue des francs-tireurs en fuite, elles ne cherchèrent pas à défendre l'accès du plateau et, manquant à tous leurs devoirs de soldat, s'enfuirent sans tirer un coup de fusil et jetèrent la panique partout.

« Pendant ce temps, le 3e bataillon du 54e, la compagnie franche des zouaves et deux compagnies du 2e bataillon, commandées par Durieux, se maintenaient à Bondeval, malgré un bombardement qui dura de deux heures de l'après-midi à huit heures du soir ; toutes les fois que l'ennemi parvenait à s'emparer du bas du village, une charge vigoureuse des zouaves et des mobiles le repoussait en désordre. Pourtant, à huit heures du soir, il fallut songer à la retraite et passer sur le corps des Prussiens, qui coupaient la route de Blamont et attendaient derrière un retranchement, à la ferme du Haut-des-Bois, le bataillon qui revenait au petit pas et en ordre parfait. A la hauteur du retranchement, l'avant-garde du 3e bataillon fut reçue par une décharge à bout portant, mais la nuit était obscure et tous les coups portaient trop haut ! Le commandant Durieux défendit à ses hommes de tirer, ordonna la charge, et enleva la barricade à la baïonnette. Les Prussiens furent tués en silence ; huit d'entre eux mirent bas les armes et furent faits prisonniers. Le 3e bataillon continua sa marche sans bruit, passa à 500 mètres de Roches, occupé par l'ennemi, sans être attaqué, et vint se ranger en bon ordre sur la place de Blamont. »

Pour la défense de cette localité, le lieutenant-colonel de Vezet avait rappelé les compagnies, cantonnées à Ecurcey et à Autechaux : il les disposa à gauche du village, déploya le 2e bataillon en avant, à cheval sur la route de Roches : confia la défense du couvent au commandant Cuvier, des mobilisés, et se tint prêt à l'attaque ; celle-ci n'eut pas lieu. Bourras traversait, le même soir, Blamont pour aller passer la nuit à Pierrefontaine. Il se passa à ce moment une chose bizarre qui stupéfia, sans plus l'émouvoir, le lieutenant-colonel de Vezet, lequel écrit, avec une certaine aigreur, ce qui suit : « Alors un personnage inconnu, accompagné du sous-préfet Fanart, s'arrogea le droit de convoquer un conseil de guerre et invita le lieutenant-colonel du 54e à s'y rendre; il était sous-entendu que cet officier était au-dessous de sa mission, et que l'autorité civile aurait bien mieux réussi dans la défense du plateau de Blamont. Après avoir écouté ces Messieurs quelques minutes, le lieutenant-colonel les laissa partir pour Besançon, où ils annoncèrent que le plateau de Blamont était perdu.» Et le lieutenant-colonel d'ajouter mélancoliquement : « Tant que les chefs militaires auront à lutter devant eux contre l'ennemi et derrière eux avec des hommes étrangers au métier de la guerre, et mettant en suspicion tous leurs actes, il n'y aura pas de défense possible, dans notre pays. »

Voici, d'après le colonel Bourras, comment s'est exécutée la contre-attaque qu'il fit faire pour se dégager : « Les deux compagnies des Pyrénées descendirent par les Fourneaux sur Meslières, pour protéger la retraite par Glay, et pendant que les compagnies se mettaient sur deux rangs pour former les soutiens, la 5e se déployait tout entière en tirailleurs, appuyée sur sa gauche par une section de la 6e, et soutenue, en deuxième ligne par la 3e.

« Pendant les préparatifs, faits sous le feu de l'ennemi, nous apercevions une colonne prussienne à Roches, prête à nous fermer la retraite, si elle s'emparait de Blamont. D'un autre côté, nous ne pouvions pas, en plein jour, battre en retraite et traverser le ravin de Glay, en présence d'un ennemi à nos trousses. L'ordre de marcher en avant fut donné, et les compagnies déployées en tirailleurs, au son des instruments et de chansons patriotiques, se précipitèrent avec le plus grand entrain sur Abbévillers. »

Le colonel Bourras cite à propos de cette affaire, avec d'autres officiers, le capitaine d'état-major Pistor, aujourd'hui général, comme ayant été brillant d'entrain et de sang-froid.

IV

Du 19 janvier à la fin de la guerre

Le 19, l'armée de l'Est est en pleine retraite sur Besançon ; seules les troupes qui ont tenu sur le haut Doubs et sur le plateau de Blamont, se maintiennent à peu près dans leurs anciennes positions. Roches même, un instant occupé par les détachements de Debschitz, est libre de troupes. La marche rétrograde de notre armée s'opérait de la façon suivante : Le 15e corps se retirait par Fontaine et Baume-les-Dames ; il était réuni, le 24 janvier, autour de Besançon où se trouvait déjà le 18e (Billot), depuis l'avant-veille, ainsi que la division Cremer et la réserve générale (Pallu de la Barrière). Le 20e corps — général Clinchant — y était arrivé de son côté, le 23 janvier. Quant au 24e corps (Bressolles) il devait couvrir toute l'armée sur la rive gauche du Doubs, et occuper les défilés des montagnes du Lomont. D'après l'ordre général de mouvement, donné à Aibre le 17, le corps de Bressolles devait passer le 19 par Raynans, Saint-Julien, Sainte-Marie et Montenois et venir s'établir à Bretigney, Faimbe et la Guinguette, le mont Truchot et les bois du Cédrier, du Clocher et du Combollet.

On a vu précédemment la petite affaire dans laquelle fut tué le capitaine Tricot, du régiment étranger, à la ferme du Mont-Chevis. Le colonel de Zimmermann avait reçu du général de Werder mission de reconnaître la rive droite du Doubs en partant de Montbéliard ; il s'avançait, en conséquence, par Dung et Allondans en deux colonnes, qui se rejoignirent devant Sainte-Marie. Elles se déployèrent, dit l'ouvrage du grand état major, sous la rubrique *Combat de Sainte-Marie*, et chassèrent les Français aussi bien du village que du petit bois situé en arrière de celui-ci. Environ 400 prisonniers tombèrent entre les mains de la landwehr; mais les Allemands ne poussèrent pas plus avant, ayant reconnu que Bavans et Voujaucourt étaient occupés.

Avant d'exposer la façon dont le 24e corps a accompli sa mission, revenons sur le plateau de Blamont.

Craignant, le 18, une attaque sérieuse de la part de l'ennemi, le colonel de Vezet avait envoyé son 2e bataillon aux ponts de Bourguignon et de Noirefontaine pour ne pas être tourné ; il établissait son artillerie dans une bonne position à la ferme de Brisepoutot et renvoyait le demi-bataillon de mobilisés, sous les ordres du commandant Cuvier, à Pierrefontaine, où se trouvait déjà le corps franc des Vosges. Lui-même occupait, un peu en arrière de Blamont, une position défensive convenable avec ses 1er et 3e bataillons.

Mais l'ennemi ne se présentait pas, et pour cause ; il s'était retiré sur ses anciens emplacements entre Exincourt et Croix. Alors le 19, à 5 heures du matin, les hommes ayant passé vingt-quatre heures sous les armes sans manger, le 54e alla faire la soupe et se reposer dans les fermes de Pierrefontaine et de Montécheroux; pendant ce temps, le commandant Cuvier déploya ses mobilisés entre Pierrefontaine et la ferme de Brisepoutot.

Le colonel Bourras, qui avait passé la nuit tranquille, envoya un escadron occuper Blamont. A une heure de l'après-midi, il prévenait le chef des mobiles du Doubs qu'il n'y avait aucun Allemand ni à Pierrefontaine, ni à Blamont, et qu'il allait à Saint-Hippolyte pour refaire et équiper ses compagnies.

Immédiatement le 3e bataillon du 54e prit les armes et descendit à Pierrefontaine et à Blamont.

Le 20 au matin, le 1er bataillon réoccupait Roches et Thulay; le 2e bataillon était remonté à Autechaux et à Ecurcey.

Dans la soirée du 20, le 24e corps arriva à Pont-de-Roide, venant de Clerval. La division Comagny, avec 18 pièces de canon, vint relever le 54e mobiles sur le plateau de Blamont, que le lieutenant-colonel de Vezet put remettre intact au général Bressolles.

Le 21 janvier, à l'issue d'un conseil de guerre tenu chez ce général, le 54e reçut l'ordre de redescendre sur les bords du Doubs, en laissant au général Comagny trois compagnies, pour construire des batteries en avant de Blamont. Ce mouvement s'exécuta le 22.

Le 23, à 8 heures, un télégramme de l'état-major de la 7e division militaire prescrivait au 54e de rentrer, à marches forcées, à Besançon, pour défendre la place menacée ; mais le général Bressolles s'opposa à l'exécution de ce mouvement ; bien plus, il donnait au lieutenant-colonel de Vezet comme instructions de marcher sur l'Isle-sur-le-Doubs et de s'opposer, par tous les moyens possibles, à la reconstruction du pont.

On voit ce malheureux régiment tiré en sens contraire par des ordres « étranges », comme l'écrira son colonel dans son rapport.

« Cet ordre était étrange, car le 54e était à Voujaucourt, Audincourt, Valentigney, rive gauche, et n'avait jamais été chargé de défendre l'Isle-sur-le-Doubs qui est à 30 kilomètres plus bas. Cependant le lieutenant-colonel se rendit à Voujaucourt pour avoir des nouvelles.

« A 3 heures, une nouvelle dépêche du quartier général donnait au 54e l'ordre de replier tous ses postes des bords du Doubs, et de remonter pendant la nuit sur le plateau de Blamont, car le 24e corps partait pour Besançon, le 24 au matin.

« Le 24, avant jour, le lieutenant-colonel du 54e se rendit chez le chef d'état-major général, accompagné par le commandant du 1er bataillon, pour demander des instructions précises ; cet officier supérieur lui apprit que le plateau de Blamont, attaqué pendant la nuit, était occupé par l'ennemi et qu'il rendait la liberté à la mobile du Doubs.

« Le 54e alla rejoindre la division Comagny, dont il formait l'avant-garde... »

Le 24 au soir, le régiment couchait à Belleherbe. A 11 heures du soir, le général de division informait le lieutenant-colonel de Vezet que sa division changeait de route et montait par Saint-Maurice sur le Russey et Pontarlier, et qu'il rendait au 54e sa liberté d'action.

Le 25, dans la soirée, la mobile du Doubs arrivait à Valdahon et le 26, à midi, elle repartait pour Ornans.

Au bout d'une heure de marche, un cavalier remettait au colonel l'ordre suivant : « *Besançon, 26 janvier, 10 h. 1/2 matin. — L'officier que vous m'avez envoyé vient d'arriver ; continuez votre mouvement sur Besançon ; mettez-vous en route en recevant cet ordre et faites en sorte d'arriver ce soir. Vous cantonnerez aux Chaprais ; le cantonnement sera fait ce soir par l'officier que vous m'avez envoyé. Des ordres seront donnés pour que la porte Rivotte soit ouverte. Je pense que vous arriverez vers minuit. Le chef d'état-major* de Bigot. *»*

Le régiment entra à Besançon, le 27 janvier à 8 heures du matin, en bon ordre, « son artillerie au centre et sans avoir perdu dans cette retraite ni une voiture, ni une caisse de munitions ».

Le général de division félicita la mobile du Doubs sur sa conduite et sa discipline, et lui donna la mission d'achever et de défendre la redoute de Montfaucon. C'est dans cette position que la paix trouva le 54e mobiles (de Vezet).

J'ai montré le général Bressolles se mettant en mesure d'exécuter les ordres du général en chef. A la date du 23 janvier, sa 1re division est à Passavant ; sa 3e protège la route de Pont-de-Roide à Clerval, au point où elle traverse les défilés du Lomont ; on sait que la 2e est à Pont-de Roide et qu'elle vient sur le plateau. Et c'est bien ce qui inquiète Werder ; aussi donne-t-il au général de Treskow II l'ordre de faire attaquer Blamont, par toutes les troupes qui ne sont pas indispensables au siège de Belfort.

Dans la soirée même du 23, le général de Debschitz se mettait en route sur 3 colonnes avec 3 bataillons, un escadron 1/8 et 2 batteries 2/3. (Historique allemand.)

« Deux de ces colonnes s'avançaient par Bondeval et par Hérimoncourt sur Roches, et occupaient cette localité, après avoir tiré quelques coups de canon. L'ennemi était déjà en retraite. On retrouva de nombreux bivouacs abandonnés et on fit plus de 300 prisonniers.

« La 3e colonne qui, par la profonde vallée de Meslières, s'avançait plus à gauche vers Glay, était moins heureuse. Elle était attaquée en pleine obscurité sur ses flancs et sur ses derrières. Ses chefs ayant été blessés, elle fut obligée de se retirer sur Croix. »

Le général de Debschitz apprenait à Roches que de nombreuses fractions du 24e corps français étaient encore devant lui, et y recevait en même temps la nouvelle de l'échec (enfin ils avouent !) subi par le détachement de Glay. Il renonçait par suite à l'offensive, projetée pour cette nuit même contre Blamont, et se retirait dans ses anciennes positions. Ses pertes s'élevaient à 3 officiers et 53 hommes.

Le 60e et le 61e de marche et la 10e compagnie Bourras se sont distingués dans ces deux affaires. Voici un extrait de l'historique du 61e, relatif à cet engagement : « Les deux bataillons du 60e et du 61e, chargés de défendre la position Roches Tulay, se concentrent en arrière, à la maison du marchand de vins, située près de l'intersection des routes qui conduisent de Roches et de Bondeval sur Blamont, routes par lesquelles s'avance l'ennemi.

« Après un engagement assez vif dans lequel nous avions deux officiers blessés (MM. de la Bernardie, sous-lieutenant au 60e, et Vinciguerra, lieutenant au 61e), le mouvement en avant de l'ennemi est arrêté (minuit). »

Le même jour (23), à midi, Bourbaki télégraphiait au général Bressolles de « prendre ses dispositions pour se porter à Besançon, avec son corps d'armée ; de laisser aux colonels Bousson et de Vezet le soin de défendre Blamont et Pont-de-Roide ; de laisser deux bataillons à la garde de chacun des ponts de Clerval et de Baume. » Puis vers six heures, second télégramme : « Laissez la division Busseroles à Pont-de-Roide, occupant avec des détachements Baume-les-Dames, Anteuil, Glainans, Dambelin et revenez avec les divisions d'Ariès et Comagny. »

Le général Bressolles ne reçut la seconde dépêche que dans la journée du lendemain, alors que ses divisions étaient toutes en retraite, conformément à la première dépêche.

Cet abandon des défilés du Lomont, cette retraite des trois divisions est ordonnée par Bressolles, sans prévenir personne, et sans être sûr que les passages, évacués par ses troupes, sont préalablement gardés par des troupes de relèvement. Blamont et Pont-de-Roide sont abandonnés sans que les mobiles de Bousson et de Vézet soient prévenus. Le général d'Ariès reçoit bien l'ordre d'envoyer deux bataillons à Baume et autant à Clerval ; mais il doit continuer sa retraite sans s'inquiéter du sort de ses bataillons, et sans s'assurer que *cette opération essentielle et préalable à la retraite a réussi*. Or, il advient que les deux bataillons de la 3e légion du Rhône, arrivant à Baume le 24 janvier, afin de relever les troupes qui devaient s'y trouver et en constituer la garnison permanente, reconnaissent que la ville est déjà occupée par les Allemands et se retirent sans accomplir leur mission.

La position capitale de Blamont fut donc évacuée sans qu'aucune mesure eut été prise pour le relèvement des troupes rappelées. Ce désordre justifie dans une certaine mesure le texte de quelques dépêches incohérentes, comme celle-ci, envoyée par le colonel Bousson qui se trouvait isolé, le 24 : *Colonel Bousson, Pont-de-Roide à Général division Besançon* : « Armée est partie au pas de course cette nuit, avec une célérité curieuse. On a abandonné les corps sans vergogne. Les Prussiens ont refait le pont de l'Isle à notre barbe. On m'a ordonné de venir prendre position en avant de Pont-de-Roide, rive gauche. On ne m'a pas dit que Blamont était abandonné ; je suis arrivé après marche de nuit, dérobée à l'ennemi. Je suis éreinté. Je suis ici avec deux bataillons. Prussiens derrière. Prussiens devant. Mes hommes et moi sommes éreintés. J'ai envoyé mobilisés et artillerie à Crévisier. J'ai promis au général Bressolles de partir le dernier ; je tiens parole. Je m'en irai par les montagnes, quand je serai reposé. Je refuse formellement d'être général comme me propose Bressolles. Je ne me sens pas capable de commander à pareille troupe »

Quand les chefs décidèrent l'abandon du plateau de Blamont, « le capitaine Viette (Rapport Juteau), jeune homme plein de courage et qui s'était souvent distingué par son intrépidité dans plusieurs escarmouches, pleurait de rage ; quoique le danger fût très grand, l'ardeur de son sang l'emportait sur tout le reste et il frémissait de voir ces ennemis si près de lui et de ne pas les attaquer. »

Et il eût suffi de si peu de monde pour contenir Debschitz !

Le général de Werder, en effet, avait fait savoir au quartier général du corps de siège de Belfort, qu'il supposait que l'évacuation de Baume-les-Dames par les Français entraînerait aussi celle de Blamont. Afin d'acquérir une certitude à ce sujet, le général de Debschitz se portait de nouveau sur cette ville, le 25 janvier, l'occupait après une faible résistance, mais retournait ensuite dans son ancienne position d'Exincourt. Ces défilés effrayaient visiblement les Allemands. Debschitz ne se remit en marche que deux jours après, le 27, lorsqu'il fut certain de ne rencontrer que des traînards. Le 25, il avait suffi, pour le décider à évacuer Blamont, que la colonne Bourras, établie sur les pentes du Lomont, se disposât à la résistance.

* * *

Les hostilités ont pris fin virtuellement, à cette date, dans le Pays de Montbéliard, bien que le lendemain, à la conclusion de l'armistice, le département du Doubs ait été exclu de la convention. C'est le 15 février seulement, alors que le gouverneur réglait les conditions de la reddition de Belfort, que notre département fut compris dans l'armistice conclu le 28 janvier.

Il n'y a plus à signaler que des passages de troupes, des occupations temporaires — on l'a vu pour Bethoncourt — et quelques exactions imposées par le vainqueur aux populations, malgré les stipulations formelles du traité de paix et des conventions préliminaires de cet acte. On pourrait croire que l'indemnité exigée de Bethoncourt était un fait isolé ; on va voir que des réquisitions en argent ont été prélevées un peu partout, malgré l'art. IV de la convention préliminaire pour servir de base à la paix définitive, du 26 février 1871, ainsi conçu : « *Les troupes allemandes s'abstiendront de faire des réquisitions soit en argent, soit en nature dans les départements occupés. Par contre l'alimentation des troupes allemandes qui resteront en France aura lieu aux frais du Gouvernement français.* » Mais, lors même que cet article n'eût pas existé, le simple bon sens et l'équité, à défaut du droit des gens, veulent que, dès la notification d'un armistice, les parties en présence s'abstiennent de toute action, pouvant porter préjudice soit aux troupes adverses, soit à la population ; exiger quoi que ce soit, c'est faire acte de spoliation. Et les Allemands ont montré de ces exigences iniques, ainsi que cela résulte du document ci-après, daté du 11 février 1871 et adressé par le général commandant le 7e corps d'armée allemand à M. Luce Villiard, préfet de la Côte-d'Or : « Sa Majesté l'empereur d'Allemagne a daigné ordonner que dans tous les pays occupés, il serait prélevé immédiatement et, s'il est besoin, en employant la force, une contribution d'au moins 25 francs par tête à la campagne et d'au moins 50 francs par tête sur la population des villes. La charge des pauvres sera reportée sur les riches... etc. »

Tout commentaire me paraît superflu. Il va sans dire que le Pays de Montbéliard n'a pas échappé à la commune loi. Heureux les pays pauvres, qui n'ont pu se procurer tout l'argent demandé avant la fin de l'occupation ! Il avait été stipulé, en effet, qu'au moment de l'évacuation des troupes allemandes, les reliquats des indemnités qui n'auraient pu être payées, ne seraient pas exigés.

Grâce aux sacrifices de la nation et au succès de l'emprunt, l'indemnité de guerre put être payée avant l'époque fixée pour les échéances des différents acomptes. Les négociations, entamées par Thiers et par le Gouvernement de la République, aboutissaient à la convention du 12 octobre 1871 qui prévoyait la libération anticipée d'un certain nombre de départements, au nombre desquels se trouva le Doubs. La France s'engageait à payer, avant le 1er mai 1872, les 500 millions manquant au deuxième milliard. L'Allemagne, en échange, retirait ses troupes dans le courant du mois d'octobre 1871 des départements de l'Aisne, de l'Aube, de la Côte-d'Or, du Jura, du Doubs et de la Haute-Saône ; ces départements étaient considérés comme neutres jusqu'à ce que le paiement fût effectué.

Il est intéresssnt de donner ici l'opinion de M. Ch. Peugeot sur l'état de Montbéliard, à la fin de la guerre :

« 14 février. — Je vais à Montbéliard...; le commandant prussien a reçu vers midi une dépêche lui annonçant qu'il a été conclu entre le général Treskow et le colonel Denfert un armistice sans condition pour Belfort ; il a demandé à la municipalité de Montbéliard de faire rouvrir les magasins et les fabriques, qu'il répond que les Prussiens se comporteront bien et ne feront aucun pillage.

« Montbéliard offre un triste aspect ; tout y annonce la misère et le désordre ; quelques maisons ont souffert du bombardement, la suspension de tout commerce et de la marche des fabriques y a produit beaucoup de misère ; la gare qui a servi d'écurie est toute délabrée ; plus aucun meuble, une grande partie des fenêtres et des portes sont brisées. La ville a toujours des Prussiens ; la place des Halles est encombrée par six pièces de canon, des fourgons et autres voitures ; les rues fourmillent de soldats. »

Au milieu des tristesses de l'occupation et des préoccupations politiques, les habitants de ce pays furent heureux de recevoir et de fêter la valeureuse garnison de Belfort, regagnant Lyon, puis Grenoble, par voie de terre. Conformément à l'art. 4 de la convention annexe à la reddition de la Place, cette garnison fut divisée en onze colonnes, et chaque colonne pourvue de vivres pour douze jours. Elles devaient marcher en deux groupes ;

l'un, suivant la vallée du Doubs par la route d'Audincourt, et l'autre, la route d'Héricourt à l'Isle-sur-le Doubs. Les premiers départs eurent lieu dans la journée du 17 février et les autres s'effectuèrent le lendemain; la dernière colonne conduite par le colonel Denfert, en personne, et formée des troupes du génie et de l'artillerie de ligne, quitta Belfort le 18 février à midi, se dirigeant sur Sochaux, son premier gîte.

Voici la relation de cette étape, par les capitaines Thiers et de la Laurencie : « La première portion de notre route fut triste : nous perdions tous nos souvenirs de sept mois ; nous partions avec peine et, jusqu'à Châtenois, nous nous retournions souvent pour retrouver à travers cette vallée si calme le théâtre de cette tempête humaine, dont nous avions été les acteurs. Nous cherchions sur l'horizon immense le profil de cette grande ossature déchiquetéé, nous voulions la saluer encore et à Châtenois, nous la saluâmes pour la dernière fois. Un nouveau spectacle nous y attendait, spectacle bien propre à calmer nos peines, en nous rappelant ce qui devait être notre orgueil et notre joie. Nous restions Français et Français armés, c'est-à-dire libres de reprendre la lutte pour la patrie et de lui offrir nos bras et nos poitrines s'ils lui devenaient encore nécessaires.

« A Châtenois, une ovation était préparée au colonel Denfert et à la garnison. Les banquets, les toasts et les discours firent trêve à nos tristesses. .

« Fier et raffermi, le soldat reprit son sac et s'engagea d'un pas plus joyeux sur la route de Sochaux.

« Nous y arrivâmes le soir sans laisser beaucoup de traînards en route; mais un assez grand nombre se firent porter malades. Les hommes étaient peu habitués à la marche ; nous n'avions que très peu de voitures ; force fut donc de les confier au soin des ambulances voisines.

« A Sochaux, nous dûmes stationner deux jours, par suite de retards apportés par les Prussiens dans la marche des colonnes qui nous précédaient, et de l'encombrement qui en résultait dans les villages en avant de nous. Du reste, l'accueil si glorieux et si sympathique que nous avions reçu à notre arrivée, nous fit accepter ce retard sans trop de peine. Les habitants avaient logé nos ennemis jusqu'à notre arrivée, ils se montraient tout heureux du changement dont nous étions cause, et bavardaient avec nous sur leurs malheurs, leurs espérances déçues et sur leur avenir encore incertain.

Tombe du Colonel Denfert

Cimetière de Montbéliard

« Après deux jours de séjour à Sochaux, les premières troupes ayant un peu débarrassé la route, la dernière colonne — celle du colonel Denfert — se mit en chemin pour Pont-de-Roide où nous reçûmes tous un accueil des plus sympathiques ; même réception chaleureuse à Maîche, Morteau, Pontarlier et partout, à l'Isle-sur-le-Doubs, Arbois, Salins, la population couvrait nos soldats de fleurs. »

C'est sur cette lumineuse vision que je terminerai mon étude, satisfait si j'ai pu raviver chez quelques-uns des souvenirs légèrement effacés déjà, et content si j'en ai convaincu d'autres, par les exemples glorieux que j'ai rapportés, des grandes choses que peut accomplir l'homme qui porte au plus haut degré, dans son cœur, l'amour de son terroir et de son clocher, en un mot, l'amour de la Patrie.

ADDITIONS

(Extraits des Nouvelles feuilles de route *de Paul Déroulède).*

Page 33

Les dispositions que l'ennemi avait prises étaient telles que nos troupes devaient tomber dans une sorte de guet-apens. « Le patriotisme de deux français, écrit Déroulède, conjura le désastre. Quelques heures avant le lever du soleil, au péril de leur vie et au risque de ces représailles dont les Prussiens châtiaient ces actes de dévouement, deux vieux paysans échappés l'un d'Arcey, l'autre de St-Julien, apportaient au quartier général des détails précis sur le guet-apens qui nous attendait. Vingt minutes après, la brigade Questel était sous les armes. »

Page 39

Les Allemands avaient établi une barricade sur la place d'Armes. Cette barricade fut prise d'assaut par les turcos de Déroulède et par un certain nombre de mobiles de la Charente, une vingtaine environ, commandés par le caporal Picard de Ruffec. A la vue des turcos, les défenseurs de la barricade tournèrent les talons, en criant : « die Schwarze ! die Schwarze ! »

Voici la réception qui fut faite par la population à nos troupes :

« L'Eglise Saint-Martin était à une assez grande distance de la Grand'Place. Avant d'y arriver, j'avais pris soin de rétablir un peu d'ordre dans les rangs. Je marchais en tête avec Béchery ayant, moi aussi, sur l'épaule le chassepot, dont j'avais fini par me servir comme les camarades.

« Picard et son escouade nous suivaient.

« Sur le parcours déjà, et depuis le moment surtout où notre petite phalange s'était reformée, de vives sympathies nous saluaient au passage. Toutes nos figures étaient noires de poudre, ce qui n'empêcha pas une jeune fille blonde et rose, dûment accompagnée par son père, de nous embrasser sur les deux joues, Béchery et moi, en nous remettant un bouquet de lauriers verts, enrubanné de tricolore.

« D'autres femmes et d'autres hommes s'avancèrent, qui nous serrèrent la main à tous, Arabes comme Français, moblots comme turcos.

« Nous fûmes logés, mes hommes et moi, dans une confortable villa, située sur la gauche et en arrière du plateau où nous nous étions battus la veille. Sa propriétaire, Madame Rosset (*c'est évidemment* Rossel) qui était une proche parente de mon excellent ami Georges Berger, n'eut pas trop peur de mes turcos et nous fit, en bonne française, le meilleur accueil. »

TABLE DES MATIÈRES

Pages

Avant-Propos 13

I. — De la déclaration de guerre a l'investissement de Belfort. 14

Le capitaine Huot 15

II. — De l'investissement de Belfort a la concentration de l'armée de l'Est. 22

Combats de Voujaucourt et d'Audincourt 26

III. — Du 1er janvier 1871 a la retraite de l'armée de Bourbaki 35

Combats de Sainte-Marie et d'Arcey. 40

14 janvier 1871 43

15 janvier 1871 46

Le Château et le Général de Blois. 47

A Bart et à Courcelles 49

Au Mont-Chevis et à Bethoncourt 52

A Bussurel 54

Le 16 janvier 1871 57

A Bethoncourt 57

Une nuit à l'ambulance de Bethoncourt. — Catherine Saignon, Catherine et Barbe Lugbull 61

A Bussurel 63

Le 17 janvier 1871 65

Le 18 janvier 1871 68

Sur le plateau de Blamont 70

A Abbévillers. 71

A Vandoncourt 73

Troisième rencontre à Abbévillers 75

IV. — Du 19 janvier a la fin de la guerre 80

Additions 90

www.ingramcontent.com/pod-product-compliance
Lightning Source LLC
LaVergne TN
LVHW020423230826
846091LV00004B/1388

* 9 7 8 2 0 1 9 9 3 2 6 8 8 *